MIX
Papier aus verantwortungsvollen Quellen
Paper from responsible sources
FSC® C105338

Maximilian Monsees

Jüdische Heilkunst in Deutschland, Spanien und Italien

Eine Studie zur mittelalterlichen Geschichte

Diplomica Verlag GmbH

Monsees, Maximilian: Jüdische Heilkunst in Deutschland, Spanien und Italien: Eine Studie zur mittelalterlichen Geschichte. Hamburg, Diplomica Verlag GmbH 2013

Buch-ISBN: 978-3-8428-8434-2
PDF-eBook-ISBN: 978-3-8428-3434-7
Druck/Herstellung: Diplomica® Verlag GmbH, Hamburg, 2013

Bibliografische Information der Deutschen Nationalbibliothek:
Die Deutsche Nationalbibliothek verzeichnet diese Publikation in der Deutschen Nationalbibliografie; detaillierte bibliografische Daten sind im Internet über http://dnb.d-nb.de abrufbar.

Das Werk einschließlich aller seiner Teile ist urheberrechtlich geschützt. Jede Verwertung außerhalb der Grenzen des Urheberrechtsgesetzes ist ohne Zustimmung des Verlages unzulässig und strafbar. Dies gilt insbesondere für Vervielfältigungen, Übersetzungen, Mikroverfilmungen und die Einspeicherung und Bearbeitung in elektronischen Systemen.

Die Wiedergabe von Gebrauchsnamen, Handelsnamen, Warenbezeichnungen usw. in diesem Werk berechtigt auch ohne besondere Kennzeichnung nicht zu der Annahme, dass solche Namen im Sinne der Warenzeichen- und Markenschutz-Gesetzgebung als frei zu betrachten wären und daher von jedermann benutzt werden dürften.

Die Informationen in diesem Werk wurden mit Sorgfalt erarbeitet. Dennoch können Fehler nicht vollständig ausgeschlossen werden und die Diplomica Verlag GmbH, die Autoren oder Übersetzer übernehmen keine juristische Verantwortung oder irgendeine Haftung für evtl. verbliebene fehlerhafte Angaben und deren Folgen.

Alle Rechte vorbehalten

© Diplomica Verlag GmbH
Hermannstal 119k, 22119 Hamburg
http://www.diplomica-verlag.de, Hamburg 2013
Printed in Germany

Inhalt

1. Einleitung 3
2. Die Heilkunde des Mittelalters 5
2.1. Das Erbe des Hippokrates 6
2.2. Mittelalterliches Medizinwesen 8
2.2.1. Kirchen- und Volksmedizin 9
2.2.2. Die Scholastische Medizin 12
2.2.3. Salerno 15
2.2.4. Übersetzer als Wissensvermittler 17
2.2.5. Regulierung und Bürokratisierung einer Wissenschaft 19
2.2.5.1. Lizenzen 19
2.2.5.2. Universitäten und Fakultäten 21
3. Jüdische Medizinkultur 23
3.1 Jüdische Ärzte – Beruf aus Tradition? 24
3.1.1 Spurensuche 26
3.1.2. Hebräische Literatur 27
3.2. Ärztefürst Avicenna 30
3.3. Maimonides 33
4. Jüdische Ärzte im christlichen Mittelalter 36
4.1. Ausbildung und Wissensvermittlung 37
4.1.1. Ärzte 39
4.1.2. Chirurgen 41
4.1.3. Lizenzerwerb 42
4.2. Der jüdische Arzt – Experte und Kosmopolit 45
4.3. Magie und Aberglaube 49
5. Das spätmittelalterliche Aschkenas 53
5.1. Jüdische Siedlungsgeschichte 55
5.2. Zweifelhafte Rechtsgrundlage: *Servi camerae* 57
5.2.1. Schutz- und Fiskalunion 58
5.2.2. Ausbeutungspolitik 59

5.3.		Jüdische Ärzte im Heiligen Römischen Reich	60
5.3.1.		Arztberuf – eine Männerdomäne?	63
5.3.2.		Beispiel A – Reichsstadt Frankfurt	65
5.3.3.		Beispiel B – Jakob von Landshut	68
6.		Transalpine Zuflucht – Italien und Sizilien	71
6.1.		Italien – ein möglicher Vergleich?	72
6.2.		Zuwanderung und Netzwerke im Norden	73
6.2.1.		Signorien und Stadtstaaten	75
6.2.2.		Jüdische Ärzte in Mailand	77
6.3.		Die Juden und der Papst	79
6.4.		Sizilien – Schmelztiegel der Kulturen	82
7.		Der Fall der Sephardim	86
7.1.		Der Islam und das Judentum	86
7.2.		Die Juden der spanischen Königreiche	88
7.2.1.		Conversos und Exil	90
7.2.2.		Aragón	92
7.2.3.		Kastilien	94
7.2.4.		Navarra	95
7.3.		Jüdische Ärzte in Spanien	96
8.		Resümee – Möglichkeiten des Vergleichs	100
8.1.		Die jüdische Alterität	101
8.2.		Ausbildung und Profession	102
8.3.		Hofjudentum	103
8.4.		Sonderstatus	103
8.5.		Rechts- und Rahmenbedingungen	104
Abbildungsverzeichnis			107
Quellenverzeichnis			108
Literaturverzeichnis			109

1. Einleitung

„,Juden im Mittelalter' erscheint in der deutschen Öffentlichkeit nicht als ein attraktives Thema. Das Interesse für das ‚Mittelalter' ist zwar in den letzten Jahrzehnten wieder gestiegen, dennoch werden mit dieser überaus fragwürdigen Epochenbezeichnung zumeist nur negative Vorstellungen verknüpft. […] Demgemäß scheint ein Thema, das Juden und Mittelalter verbindet, bestens geeignet. Die heutzutage vorherrschenden Klischees über das ‚Mittelalter' zu bekräftigen. […] Inzwischen ist es unter den international führenden Vertretern der neuen historischen Forschung unstrittig, dass die Kultur der Juden in Europa während des Mittelalters – und darüber hinaus – nicht weniger europäisch als jüdisch war. Die jüdische Geschichte in Europa enthält also auch wesentliche Bestandteile der europäischen Geschichte einschließlich ihrer regionalen und lokalen Ausformungen. […] Bemühungen um eine europäische Geschichte im Mittelalter bleiben daher ohne die Geschichte der Juden nicht nur in wesentlichen Bereichen unvollständig, sondern sie verfehlen geradezu existenzielle Komplexe und sind somit in hohem Maße revisionsbedürftig." [1]

Dieses Zitat von Alfred Haverkamp, welches in großem Maße die Abkehr von stereotypischen Sicht- und Behandlungsweisen der jüdischen Geschichte im Ganzen fordert, leitet eine Arbeit ein, die mit der Forderung Haverkamps im Einklang steht und sich das Ziel gesetzt hat, ein Thema der jüdischen und europäischen Geschichte zu verknüpfen, ohne dabei wesentliche Elemente des historischen Kontextes außer Acht zu lassen. Inspiriert von Noah Gordons ‚Der Medicus', versucht diese Arbeit, eine Abhandlung von jüdischen Ärzten und deren Einfluss auf die Medizin im spätmittelalterlichen Kontext Europas zu bieten.

Auf den folgenden Seiten werden dabei zunächst Grundzüge des mittelalterlichen Medizinwesens dargestellt, was der Arbeit als Ausgangsbasis für den jüdischen Beruf des Arztes dienen soll. Hierbei werden hinsichtlich des problematischen Begriffs der ‚mittelalterlichen' Medizin Fragen aufgeworfen und in welchem Maße sich dies auf das Judentum auswirkte. Mit der Unterstützung von den Beiträgen Kay Peter Jankrifts, der gegenwärtig aktuelle Informationen zu der mittelalterlichen Medizingeschichte liefert, wird es notwendig sein, sich mit diesem Wissenschaftsfeld der Medizin, was im Mittelalter eine eigene Disziplin der Universitäten wurde, kritisch auseinander zu setzen, um im Anschluss eine Verbindung zum jüdischen

---

[1] Haverkamp, Alfred: Juden im Mittelalter – Neue Fragen und Einsichten. In: Christoph Cluse u.a. (Hrsg.): Neue Forschungen zur mittelalterlichen Geschichte (2000-2011). Festgabe zum 75. Geburtstag des Verfassers. Hannover 2012. S. 1-20, hier: S. 1 und S. 6.

Verständnis von Medizin und Heilkunde herzustellen. An dieser Stelle müssen Überlegungen angestellt werden, in welchem Einklang das Medizinwesen mit der Geschichte des Judentums stand und weshalb im Mittelalter jüdische Ärzte so gefragt waren. Mit der Beleuchtung der medizinischen Ausbildung, des Lizenzierungsverfahrens sowie dem Wirken von Autoren und herausragenden Ärzten soll der Grund dieses glänzenden Rufes von jüdischen Ärzten eruiert werden. Für diesen Teil kann auf die detaillierten und umfangreichen Arbeiten von Joseph Shatzmiller und John Efron nicht verzichtet werden. Gerade Shatzmiller verdient großes Lob für die sehr gelungene Darstellung der verschiedenen Werdegänge jüdischer Ärzte, wobei er sich um die Einbindung von weltweiten gegenwärtigen Forschungsbeiträgen bemüht und für das Themengebiet der jüdischen Heilkunst als führend betrachtet werden kann.

Da es sich bei dem Themengebiet der Medizingeschichte um ein äußerst komplexes Feld handelt, muss versucht werden, die wesentlichen Erkenntnisse in Bezug die jüdische Geschichte zu reflektieren. Im Zuge dessen werden die angestellten Überlegungen bezüglich Umfeld und Rahmenbedingungen der Judenärzte im Spätmittelalter in den historischen Kontext von drei europäischen Regionen gesetzt werden, das Heilige Römische Reich, Italien und die iberische Halbinsel. Hierfür kann die Arbeit auf ein breites Spektrum an Quellenangeboten zurückgreifen, die u.a. Dietrich Andernacht, Shlomo Simonsohn und Fritz Baer in gesammelten Werken bzw. Regesten zur Verfügung stellen. Sie werden einen unverzichtbaren Beitrag für die Quellenarbeit leisten und in der Lage sein, die Thesen der Forschung zu untermauern oder gegebenenfalls zu widerlegen bzw. in Frage zu stellen.

Die Fragen in den folgenden Kapiteln werden sich mit gegenwärtigen Auseinandersetzungen der Forschung beschäftigen. Darunter fallen vor allem die Fragen, weshalb im Mittelalter so häufig eine enge Verknüpfung zwischen Judentum und Medizinwesen existierte. Es wird uns auch interessieren, auf welchem Wege jüdische Ärzte überhaupt ihre Ausbildung absolvieren und sich einen derart guten Ruf bei Stadt- und Landbevölkerung sowie bei den weltlichen und geistlichen Herrschern erarbeiten konnten. Dies wird in einem historischen Hintergrund erarbeitet werden, in dem Juden der reguläre Bildungsweg verschlossen blieben und jüdische Bevölkerungsteile europaweit repressiven Bestimmungen und Verfolgungen ausgesetzt waren, obschon es wichtig bleibt, Ärzte als exponierte Berufsgruppe innerhalb der mittelalterlich-jüdischen Diaspora zu betrachten. Diese Betrachtungsweise lohnt sich, wie wir sehen werden, da jüdischen Heilkünstlern stets eine Sonderrolle zuteilwurde und ein Berufsfeld repräsentieren, das in einem Zeitalter von Pest und Krieg bei Volk und Adel mehr als gefragt war. Dem Anspruch, dieses bedeutende jüdische Tätigkeitsfeld in einen europäischen Kontext zu setzen, kann jedoch nur nachgekommen werden, wenn Rahmen-bedingungen und Umfeld von jüdischer Existenz allgemein im spätmittelalterlichen Europa beleuchtet werden. Deshalb wird in den späteren Kapiteln kein Weg an der Einbettung von jüdischer Geschichte in den länderspezifisch-historischen Kontext vorbeiführen.

Betrachten wir also zunächst grundsätzliche Wesenszüge der mittelalterlichen Medizin und gehen dann über in den Versuch, Möglichkeiten und Wege von Juden zu erörtern, ein *medicus* im spätmittelalterlichen Europa mitsamt den Hindernissen und Hürden zu werden, die dieser durchaus heikle Beruf mit sich bringen konnte.

2. Die Heilkunde des Mittelalters

Wie angedeutet, konzentriert sich diese Arbeit im Rahmen des vielfältigen Themengebiets mittelalterlicher Medizin auf wesentliche Abschnitte und relevante Informationen für die jüdische Geschichte. Eine umfassende Beschäftigung mit dem Themenbereich mittelalterlicher Heilkunde würde eine eigene Arbeit fordern und den gesetzten Rahmen der vorliegenden sprengen. Daher reduziert sich dieses Kapitel auf folgende Schwerpunkte bzw. Auseinandersetzung mit der Forschung:

Was waren die nachhaltigsten und wichtigsten Stationen in der Entwicklung der mittelalterlichen Medizin? Inwiefern beeinflusste diese Entwicklung, der wachsende Bedarf an Ärzten und die Regulierung des Medizinwesens nicht nur die christliche, sondern auch jüdische Ärzte? Wann und wodurch wurde Juden der Einstieg in das Tätigkeitsfeld des Arztes ermöglicht?

Fest steht, neben Geldverleih war der Beruf des Arztes die beliebteste Tätigkeit von Juden im Mittelalter. Dies korreliert mit der Tatsache, dass der Bedarf an Ärzten ab dem 13. Jahrhundert kontinuierlich anstieg. Es waren nicht nur Bischöfe, Fürsten und Könige, die sich den damaligen Luxus von verbesserter Lebensqualität leisten konnten, sondern auch das erstarkende Bürgertum der Städte sowie reiche Teile der Landbevölkerung. Shatzmiller spricht zudem vom Phänomen einer „Medikalisierung" der mittelalterlichen Gesellschaft.[2] Um Motive und Rahmenbedingungen jüdischer Ärzte zu erhellen, muss also zunächst der histori-

---

[2] Shatzmiller, Joseph: Jews, Medicine, and Medieval Society. Berkely / Los Angeles 1994, S. 1f.

sche Hintergrund genauer untersucht werden, um eine Vorstellung davon zu erhalten, was es bedeutete, im Mittelalter Arzt zu sein.

Peter Jankrift, der einen gelungenen aktuellen Überblick über den Forschungsstand der mittelalterlichen Medizin beiträgt, betont, dass die Auseinandersetzung mit dem Thema bzw. „die Recherche in den Schriftquellen der sprichwörtlichen Suche nach der Nadel im Heuhaufen gleicht."[3] Dennoch liefert Jankrift in seinen Beiträgen Informationen von unschätzbarem Wert für die Darstellung des mittelalterlichen Medizinwesens. Während die theoretischen Grundlagen, welche auch in der spätmittelalterlichen Ausbildung von Heilkundigen Verwendung fanden, in Schriftwerken tradiert und übersetzt wurden, so bereitet es dagegen Schwierigkeiten, die praktischen und alltäglichen Tätigkeiten von Ärzten durch überlieferte Quellen zu beleuchten.[4]

Daher bleibt oftmals nur die Möglichkeit, anhand von Erwähnungen in Stadt- oder Steuerlisten, Herrscherannalen oder Rezept- bzw. Krankheitsbeschreibungen das Tätigkeitsfeld von Heilkünstlern zu rekonstruieren. Als ebenfalls bedeutsam erweisen sich Bildquellen und Abdrucke in Folianten und Büchern, welche Aufschluss über Handeln und Wirken von *medici* aller Art bieten. Daher werden solche auch hier in den Überlegungen mit einfließen, wenn sich in den anschließenden Kapiteln näher mit der Rolle des jüdischen Arztes als Wissenschaftler, „Magier" und Kosmopolit beschäftigt wird. Bevor nun bedeutende Meilensteine der Medizin behandelt werden, gilt es jedoch eine Frage zu beantworten: Was wird unter dem Begriff ‚mittelalterliche Medizin' überhaupt verstanden?

2.1. Das Erbe des Hippokrates

Dem mittelalterlichen Verständnis von Krankheit und Heilung liegt häufig die einschlägige These zugrunde, die sogenannte mittelalterliche Medizin nährte sich letzten Endes aus den Lehren und Konzepten der Antike. Es handelt sich folglich vielmehr um eine Tradierung und Bewahrung antiken Erbes, allen voran die weit verbreitete Viersäftelehre Galens. Sie war das richtungsweisende und bestimmende Element des zeitgenössischen Medizinwesens bis in die

---

[3] Jankrift, Kay Peter: Krankheit und Heilkunde im Mittelalter. (= Geschichte kompakt) Darmstadt 2003, S. 1.
[4] Ebd.

Renaissance.⁵ Erst der Humanismus und die geduldete Weiterentwicklung der Chirurgie ermöglichten neue Erkenntnisse im Bereich der Anatomie.

Galens Lehre greift auf die vier Elemente Feuer, Wasser, Erde und Luft zurück. Cassiador, der Kanzler Theoderichs des Großen, sah sich im Auftrag, jenes Antike Verständnis von Medizin zu bewahren und zu tradieren. Daher errichtete er um 550 n. Chr. das Kloster Vivarium und legte dort das Fundament für die *septem artes liberales*. Die sieben freien Künste stellten das maßgebende Grundkonzept der universitären Lehren des Mittelalters dar und unter Bischof Isidor von Sevilla wurde auch die Wissenschaft der Medizin zur *secunda philosophia* erhoben.⁶

Doch letztendlich greift Galen (129 bis 199 v. Chr.) in seinen Werken und Lehren lediglich auf den Arzt und Denker zurück, auf dessen Namen die Ärzteschaft noch heute einen Eid leistet: Hippokrates. Galens Viersäftelehre basiert nicht auf eigenen Überlegungen, sondern stellt vielmehr eine Weiterentwicklung des *Corpus Hippocraticum* dar, welcher die Arbeiten und Lehren des Hippokrates bündelt und uns im folgenden Auszug das antike Verständnis von Krankheit schildert:

„Der Körper des Menschen hat in sich Blut, Schleim und zweierlei Galle, die gelbe und die schwarze Diese Qualitäten sind die Natur seines Körpers, und durch sie wird er krank und gesund. Am gesündesten aber ist er, wenn diese Qualitäten in Bezug auf Mischung, Wirkung und Menge in einem angemessenen gegenseitigen Verhältnisse stehen[…], krank hingegen, wenn eines von diesen in geringerer oder grösserer Menge vorhanden ist oder sich im Körper absondert und nicht mit der Gesammtheit [sic!] der übrigen vermischt ist."⁷

Jene vier Säfte sind im Körper folglich verantwortlich für gesundes oder krankes Befinden des Menschen. Herrscht ein Ungleichgewicht und ist die Balance zwischen den Säften gestört, tritt ein Krankheitsbild zutage, welches sich je nach vorherrschendem Saft artikuliert. Ein Überschuss an Blut (lat. *sanguis*) würde demnach zu Symptomen eines Sanguinikers führen. Anhand der Tatsache, dass die Säfte vier verschiedene Eigenschaften aufweisen, (warm, kalt, trocken, feucht) wird deutlich, wie sehr sich Hippokrates an die vier Elemente lehnte.⁸

---

⁵ Jankrift: Mit Gott und schwarzer Magie. Medizin im Mittelalter. Darmstadt 2005, S. 25.
⁶ Ebd., S. 29f.
⁷ Corpus Hippocraticum, De natura hominis, 14, IV. nach Fuchs, Robert: Hippokrates, Sämmtliche Werke, Bd. 1. München 1895, S. 194f.
⁸ Jankrift: Heilkunde, S. 7f.
Vgl. hierzu auch ein aufschlussreicher Beitrag des Bayerischen Rundfunks, welcher sich im Rahmen von Heilpflanzen mit der Viersäftelehre und Hippokrates beschäftigt:

Auf der Auffassung beruhend, dass andere Wissenschaften wie Physik oder Logik der Medizin dienlich seien, teilte Galen die entstandene Theorie der Medizin in drei tragende Säulen ein, die das sogenannte Haus der Heilkunde repräsentieren: Die Physiologie (*res naturales)*, die Pathologie (*res contra naturam*), sowie die Therapie. Letztere, also die Behandlung von Krankheiten, teilt sich wiederum auf in Diätetik, Pharmazeutik und Chirurgie.[9]

Es ist also in Konsens mit der Forschung festzuhalten, dass eine mittelalterliche Medizin im eigentlichen Sinne nicht existierte. Sie war vielmehr die Manifestierung der alten römisch-griechischen Medizin und bezog sich mehr als 1000 Jahre im Wesentlichen auf die Erkenntnisse der Antike. Auch beispielsweise die Natur- und Arzneimittelkunde orientierte sich lange an den von Plinius dem Älteren verfassten Schriften, u.a. die *Historia Naturalis*. Eine überarbeitete Variante stellt im 4. Jahrhundert die *Medicina Plinii* dar, welche eine umfangreiche Abhandlung über Krankheiten und deren Behandlungen enthält.[10]

2.2. Mittelalterliches Medizinwesen

Neben der notwendig gewordenen differenzierten Betrachtung von ‚mittelalterlicher' Medizin ist es nötig, einen alten Mythos zu widerlegen, der in der Forschung lange Gültigkeit fand: Die sogenannte ‚arabische Medizin' hätte den Grundstock für das mittelalterliche und europäische Medizinwesen gelegt. Ende der 90er Jahre des vergangenen Jahrhunderts bewies der in mehreren Bänden erschienene Beitrag von Jean-Charles Sournia, dass auch die arabische Medizin nur das römisch-griechisches Medizinwissen konservierte und dass durch die Übersetzungsleistung von Persern, Juden und orthodoxen Griechen eine Art arabische Fachliteratur entstand. Auch wenn sich dadurch das Arabische zu einer Gelehrtensprache wandelte, so bot die arabische bzw. orientalische Medizin letztendlich keine neuen Erkenntnisse, sondert tradierte antikes Wissen in einer anderen Sprache fort.[11] Grundsätzlich ist sich die Forschung allerdings dahin gehend einig, dass die Vermittlung und die Verbreitung von griechisch-arabischen Medizinschriften vor allem der regen Tätigkeit von zahlreichen jüdischen und

---

http://www.br.de/radio/bayern2/sendungen/radiowissen/mensch-natur-umwelt/heilpflanzen-hippokrates100.html (zuletzt aufgerufen am 26.02.2013).
[9] Jankrift: Heilkunde, S. 9.
[10] Ebd., S.9f.
[11] Vgl. Jankrift: Heilkunde, S.18, der in seinem Kapitel explizit auf die von Richard Toellner 1999 herausgegebenen Bände von Sournia hinweist.

arabischen Übersetzern zu danken ist, deren großer Bedeutung unten ein eigenes Kapitel gewidmet ist.[12]

Des Weiteren darf nicht vergessen werden, dass weite Teile der mittelalterlichen Gesellschaft Europas unter dem großen Einfluss der christlichen Theologie stand, sodass auch die Medizin zunächst schlicht als „Werkzeug" Gottes betrachtet wurde. Bis die Loslösung der Medizin von der christlichen Kirche gelang, wurde zunächst grundsätzlich angenommen, dass eine erlittene Krankheit das Resultat einer Strafe Gottes an einem Sünder wäre. Von dieser Strafe können nicht nur Einzelpersonen, sondern auch ganze Gruppen und Ethnien betroffen werden, was beispielsweise im Zeitalter der Pest – neben der obligatorischen Brunnenvergiftungsbeschuldigung – häufig als Ursache angenommen wurde.[13] Daraus ergab sich die Vorstellung, dass einzig und allein Christus, der oberste aller Ärzte, eine Krankheit heilen könne. Diese Imagination korrelierte mit der auch in der Bibel oftmals dargestellten Heiltätigkeit Jesu, der wunderwirkend Kranke und Schwache zu kurieren vermochte. Christus repräsentiere demnach die Inkarnation des *medicus* schlechthin und der Kirchenvater Augustin betitelte ihn ferner im Rahmen seiner heilsgeschichtlichen Funktion als *salvator*, Retter und Erlöser durch den Opfertod. Somit wird nach christlicher Vorstellung nur durch Christus Medicus allein Heilung (lat. *salus*) gewährt, was das heilsgeschichtliche Bild insgesamt abrundet.[14] Somit verwundert es nicht, dass bis zu der erwähnten Medikalisierung der Gesellschaft im 13. Jahrhundert die Medizin eine Domäne der christlichen Kirche war und somit Juden weitestgehend verwehrt blieb.

2.2.1. Kirchen- und Volksmedizin

Shatzmiller konstatiert, dass im Früh- und Hochmittelalter nur die Institution der Kirche den wachsenden Bedarf an Heilkünstlern und Ärzten stillen konnte. Dies hatte eine regelrechte Monopolstellung im christlichen Abendland zur Folge, da den Klosterschulen eine elementare Bedeutung im Bereich der mittelalterlichen Bildung zugeschrieben wurde.[15] Die Bildungsho-

---

[12] Jankrift, Kay Peter: Juden in der mittelalterlichen Medizin Europas. In: Christoph Cluse (Hrsg.): Europas Juden im Mittelalter. Beiträge des internationalen Symposiums in Speyer vom 20.-25. Oktober 2002. Trier 2004, S. 335-364, hier: S.355f.
[13] Jankrift: Gott und Magie, S. 15.
[14] Honecker, Martin: Christus Medicus. In: Peter Wunderli: Der kranke Mensch in Mittelalter und Renaissance (= Studia humaniora. Düsseldorfer Studien zu Mittelalter u. Renaissance). Düsseldorf 1986, S.27-43, hier: S. 35f.
[15] Shatzmiller, Jews Medicine, S. 8.

heit des Klerus kam vor allem dadurch zustande, dass in der oral und analphabetisiert geprägten Gesellschaft Mönche und Priester das Lesen und Schreiben von Büchern vorbehalten war. Diese banal erscheinende Tatsache ergänzt aber die in der Forschung verbreitete These, dass die christliche Kirche bzw. die Klosterschulen wesentlich zur Konservierung und Vermittlung des antiken Medizinwissens beitrugen.

Abb. 1: Klostermedizin,1452 St. Gallen:

Der Mönch trägt einem Patienten Heilsalbe am Oberschenkel auf.

Die Klöster fungierten folglich als Bewahrer der griechisch-römischen Heilkunde und wurden somit Stätten der Wissensvermittlung, indem die meist auf Griechisch verfassten Werke ins Lateinische übersetzt wurden. Vor allem für den deutschsprachigen Raum war dies von großer Bedeutung, da man die griechische Sprache offenbar kaum mehr beherrschte.[16] Wie eingangs bereits erwähnt, wurde der Klostermedizin erst durch Bischof Isidor von Sevilla der Charakter einer Wissenschaft zugeschrieben.

Zuvor verschaffte jedoch Benedikt von Nursia dem Medizinwesen das nötige Gewicht, indem er Krankenfürsorge dem christlichen Gebot der Nächsten-liebe gleich setzte. Benedikt gründete 529 n. Chr. das Kloster Montecassino und schuf einen allgemein gültigen Kodex, der die Krankenpflege aus heiligen und christlichen Auftrag verifizierte: die *Regula Benedicti*.[17] Sie legt den Grundstein für das mittelalterliche Hospitalwesen, das das Pflegen und Kurieren von Kranken ausschließlich Klosterschwestern und Mönchen zuschreibt. Man kann daher zu Recht behaupten, das die gegründeten Hospitäler im Mittelalter das Rückgrat der protomodernen Krankenpflege bildeten. In der christlich motivierten Benediktiner-Regel ist folglich auch der Ursprung des *caritas*-Gedankens zu sehen, der mit dem ausgehenden Mittelalter die maßgebende Doktrin von Hospitälern formierte.[18] Auch das Laterankonzil 1215, welches uns aufgrund seiner Tragweite für die jüdische Geschichte wiederholt begegnen wird, forderte von einem christlichen Arzt, dass die Seelenfürsorge des Kranken oberste Priorität sei und dies seine erste Amtshandlung darstelle.

---

[16] Jankrift: Gott und Magie, S. 29.
[17] Jankrift: Heilkunde, S. 12.
[18] Leven, Karl Heinz: Geschichte der Medizin. Von der Antike bis zur Gegenwart. München 2008, S. 32.

Überdies war die Vorstellung, der physische Körperzustand sei eng an das Seelenheil des Menschen gebunden, bis zur Aufklärung im christlichen Abendland weit verbreitet.[19]

Ferner ist man sich in der Forschung einig darüber, dass der Einfluss von Volksmedizin einen nicht zu unterschätzenden Faktor darstellte. Heilkunst wurde im Mittelalter nicht selten mit Magie und Hexerei in Verbindung gebracht, was vor allem im Zusammenhang mit jüdischen Ärzten fatale Auswirkungen haben konnte, wie später anhand eines Kapitels explizit erläutert werden wird. Samuel Krass geht sogar so weit, dem volkstümlichen Aberglauben eine regelrecht hemmende Wirkung auf die Medizinwissenschaft zu attestieren.[20] Jankrift hingegen macht darauf aufmerksam, dass es der Klostermedizin schlichtweg nicht gelang, alle Bereiche der Medizin zu dominieren und zu durchdringen, denn es gab „eine in ihrer Tragweite aufgrund des Fehlens schriftlicher Zeugnisse kaum abzuschätzende Volksmedizin, für die – von jeglichem theoretischen Überbau unberührt - neben Erfahrung im Umgang mit Krankheiten auch magische Elemente eine Rolle spielten."[21] Denken wir nur an die Merseburger Zauberformeln, die – frei von christlich-theologischen Elementen – in einem Gebetsbuch des Merseburgers Domkapitels entdeckt wurden und wo nicht Christus Medicus, sondern die germanische Gottheit Wodan als Heiler auftritt. Auch zu nenne wäre das angelsächsische *Leechbook des Bald*, welches eindeutig auf nicht-christlich motivierte, weltliche Heilkunde hinweist.[22]

Die relevante Frage an dieser Stelle lautet nun, ob es denn europäischen Juden überhaupt möglich war, in dieser Wissenschaft, die eine selbsterklärte Domäne der katholischen Kirche war, Fuß zu fassen. Blicken wir auf die muslimisch kontrollierten Regionen Europas und Nordafrikas, so stellen wir fest, dass dort Arzt als häufigster Akademikerberuf erscheint.[23] Bereits im Kalifat der Abbasiden lassen sich Mitwirken und Teilhabe von jüdischen Wissenschaftlern registrieren, obschon Al-Andalus aufgrund der großen Herrschertoleranz als größter Magnet von jüdischen Gelehrten galt.[24] Doch wie sah es im christlichen Europas aus?

---

[19] Efron, John: Medicine and German Jews. A History. New Haven/London 2001, S. 21f.
[20] Vgl. Überschrift des dritten Kapitels, das sich lange und ausgiebig mit dem Thema Magie und Aberglaube im Bereich der Medizin beschäftigt und darin auch die Wurzeln der Pharmazie sieht: Krauss, Samuel: Geschichte der jüdischen Ärzte vom frühesten Mittelalter bis zur Gleichberechtigung. Wien 1930, S. 39.
[21] Jankrift, Heilkunde, S. 15f.
[22] Ebd., S. 16.
[23] Maier, Johann: Das Judentum, Von der biblischen Zeit bis zur Moderne. Bindlach 1988, S. 461.
[24] Barnavi, Eli und Stern, Frank: Universal Geschichte der Juden. Von den Ursprüngen bis zur Gegenwart. Ein historischer Atlas. Wien 1993, S. 96.

2.2.2. Die Scholastische Medizin

Es kann durchaus angenommen werden, dass aufgrund der christlichen Vorherrschaft im Bereich des Medizinwesens ein Mitwirken von Juden kaum möglich war. Trotzdem sei angemerkt, dass sich erstaunlicherweise schon früh Berichte von jüdischen Ärzten finden lassen. So erwähnt Benjamin von Toledo beispielsweise jüdische Leibärzte, darunter einen am Hofe des byzantinischen Kaisers.[25] Paradoxerweise waren es jedoch gerade Bestimmungen und Bestrebungen der christlichen Kirche, die zu einer Loslösung der Medizin von der Theologie führen und daher Juden eine Ausbildung und Tätigkeit als Arzt ermöglichen. Dies erscheint widersprüchlich, sahen sich doch eben jene Klöster in ihren heiligen Auftrag bestätigt, die klassische Medizin der Antike zu wahren und zu lehren. Diesen, für die Entwicklung des Medizinwesens entscheidenden, Prozess kennt die Forschung unter den Begriff der Medikalisierung,[26] welcher zugleich die Verwissenschaftlichung von Medizin und die entsprechende Gründung von Fakultäten und Schulen impliziert.

Ausschlaggebend war die Synode von Clermont im Jahre 1130. Hier traf man die Übereinkunft, dass sich fortan kein Kleriker mehr dem Medizinstudium widmen und die Klostermedizin von solchen nicht ausgeübt werden solle. Man verlegte den Fokus folglich auf andere Lehrbereiche fernab der Medizin.[27] Dieser Beschluss wurde von dem Laterankonzil 1215 n. Chr. nicht nur bestätigt, sondern auch vertieft, sodass ferner ein absolutes Verbot von Ausübung der Chirurgie durch Geistliche herrschte. Die Folge war eine frühzeitige Säkularisierung des Medizinwesens, was letztendlich das Ende der Klostermedizin bedeutete.[28] Obendrein wurde festgelegt, dass innere von operativer Medizin streng zu trennen sei. Diese Information ist für uns deshalb wichtig, weil jüdische Ärzte eine exponierte Sonderstellung einnahmen und trotz dieser Aufteilung bzw. Trennung der medizinischen Disziplinen heilkundige ‚Allrounder' darstellten, wie spätere Beiträge zeigen werden. Jedenfalls wurde es Juden überhaupt erst aufgrund des entstandenen Personalvakuums möglich gemacht, sich dem Berufsfeld Arzt anzunähern.

---

[25] Jankrift, Juden Medizin Europas, S. 358.
[26] Der Begriff „*Medikalisierung*" bezieht sich speziell auf das europaweite Phänomen, welches durch die Konzile und Synoden der Kirche hervorgerufen wurde. Er wurde wohl eigens dafür geschaffen und ist im Forschungskontext immer wieder präsent. Vgl. u.a. Ebd., Shatzmiller: Jews Medicine, S. 1, Efron: German Jews, S. 15.
[27] Vgl. Shatzmiller, Jews Medicine, S. 8 und Jankrift, Juden Medizin Europas, S. 360.
[28] Ebd.

Die Chirurgie wurde fortan mehr oder weniger als Handwerk betrachtet, oftmals sprach man auch daher von Handwerkschirurgen.[29] Es wurde daher explizit der *medicus* von einem *chirurgicus* unterschieden, auch weil die Chirurgie sich bis zum 16. Jahrhundert zu einer Schattendisziplin an den Universitäten wandelte. An dieser Stelle muss allerdings die grassierende Vorstellung beseitigt werden, die Kirche hätte im Mittelalter die Leichenöffnung bzw. das Sezieren von toten Körpern verboten. Dieser Annahme liegt ein Missverständnis zugrunde, denn bereits ab 1400 n. Chr. war die Teilnahme an einer Leichensektion im Rahmen des regulierten Medizinstudiums gebräuchlich, obschon den Beiwohnern lediglich das Zuschauen gestattet war. Problematisch war die Ausübung der Chirurgie in den Augen der Kirche einzig und allein deshalb, weil nach christlicher Vorstellung der Leichnam zum Zeitpunkt der Apokalypse in einem unversehrten Zustand sein sollte, was konträr zu einem chirurgischen Eingriff stand. Zudem war aufgrund von toxischen Gasen und Erregern der Umgang mit Leichen grundsätzlich gefährlich und ihre Beschaffung verletzte in der Regel das allgemein gültige Gesetz der Totenruhe.[30]

---

[29] Leven: Geschichte Medizin, S. 32.
[30] Jankrift, Gott und Magie, S. 51f. Wobei Ders. auch ausdrücklich betont, dass die Chirurgie sich bis in das 16. Jahrhundert auf die Erkenntnisse Galens anhand dessen durchgeführter Tiersektionen stützt und somit auch so manche Irrtümer stützte. Vgl. auch dazu Leven: Geschichte Medizin, S. 32, wonach die fortan strikt zwischen Theoretischer Medizin (Scholastik) und Chirurgie (Handwerk) unterschieden wurde.

Abb. 2, 3, 4, 5: Die Bilder sind Ausschnitte eines reich verzierten und illustrierten Titelblattes (links oben), das einer hebräischen Übersetzung von Avicennas *Kanons der Medizin* voran geht. Das Buch entstand im 15. Jahrhundert in Oberitalien und befindet sich in der Universitätsbibliothek von Bologna. Es trägt den Codex Ms. 2197, fol. 492r.

Abgebildet hier sind vor allem chirurgische Eingriffe eines Baders (stets erkennbar am Rock):

Links das Setzen von Schröpfköpfen, oben die Operation einer Eitersammlung auf Leberhöhe und unten das Allerheilmittel der mittelalterlichen Medizin: Der Aderlass.

Ein weiteres Erscheinungsbild der säkularisierten Medizin war der entstandene Beruf des Baders, der häufig dem Handwerkschirurgen gleichgesetzt war und dessen Entfaltungsmöglichkeiten durch das Wegfallen von klerikalem Personal begünstigt wurde. Er führte simple Operationen durch, nahm den Aderlass vor und reinigte bzw. badete den Körper des Patienten, wodurch der Beruf seine Bezeichnung erhielt. Gerade anhand des Setzens von Schröpfköpfen lässt sich erkennen, dass die griechisch-römische Medizin nach wie vor die bestimmende Heilkunst war, hatte doch bereits Galen diese Behandlungsmaßnahme vorgeschlagen. Gregor von Tours berichtet uns, dass auch schon im frühen Mittelalter jüdische Heilkundige diese Technik anwandten.[31]

Neben der Entstehung von spezifischen Fachbereichen der Medizin traten noch andere Spezialisten in Erscheinung wie Augenärzte, Hebammen oder Zahnreißer. Sie unterschieden sich jedoch alle maßgeblich von dem Arzt, der von nun an ein Studium der Medizin absolvieren musste, sodass *medici* und *phisici* fortan den akademischen Grad eines Doktors oder Magisters[32] führten und Absolventen einer medizinischen Fakultät waren. Während das Bader- und Chirurgenhandwerk eine sehr praxisnahe Tätigkeit darstellten, so wurde die innere Medizin regelrecht theoretisiert, sie wurde eine eigene Wissenschaft.[33] Somit war das Fundament für einen öffentlichen und weltlichen Zugang zum Studium der Medizin gelegt, das sich in scholastisch institutionalisierter Form von Universitäten und Schulen manifestierte. Doch konnten Juden hiervon profitieren?

2.2.3. Salerno

Das Ende der Klostermedizin leitete eine neue Epoche der Medizin ein, wodurch Ärzte, die etwas auf sich und ihre Kompetenz bzw. Praxis hielten, einen akademischen Grad bzw. eine theoretische Ausbildung benötigten. Wer Arzt werden wollte, für den führte spätestens im 13. Jahrhundert kein Weg an der berühmten italienischen Ärzteschule Salerno vorbei, die man auch als *Civitas Hippocratica* kannte.[34] Wie die Bezeichnung verrät, war der Bezug auf die Schriften des Hippokrates immer noch das Maß aller Dinge. In der Forschung entstand der Konsens, dass Salerno die erste, quasi weltliche Bildungseinrichtung für Medizin darstellt, an der übrigens auch schon mitunter Juden als Dozenten fungierten und dort praktische Erfahrungen sammeln durften. Samuel Krass geht sogar davon aus, dass dort neben Griechisch auch in Arabisch oder Hebräisch unterrichtet wurde, was insofern bemerkenswert ist, als dass im christlichen Europa Latein gemeinhin als Sprache der Wissenschaft galt.[35]

---

[31] Vgl. Jankrift: Heilkunde, S. 30f. und Ders.: Juden Medizin Europas, S. 357.
[32] Shatzmiller stellt allerdings die Vermutung an, dass lediglich christliche Ärzte bzw. jüdische Konvertiten den Titel *Magister* führen durften. Gemeinhin war ein Arzt grundsätzlich als *medicus* oder *phisicus* bekannt. Vgl. Shatzmiller: Jews Medicine, S. 30.
[33] Vgl. Ebd., S. 360f. und Leven: Geschichte Medizin, S. 32.
[34] Jankrift, Heilkunde, S. 41f.
[35] Krauss: Jüdische Ärzte, S. 20.

Uneinigkeit besteht hingegen hinsichtlich der Gründung Salernos: Während Maier beispielsweise behauptet, ein gewisser Sabbatai Donnolo hätte sich die *Asaph*[36]-Lehren als Vorbild genommen und somit Salerno gegründet, so erwähnt Krauss, Salernos Gründung wäre allein „Griechen und Saracenen [sic!]" zu verdanken.[37] Jankrift hingegen konstatiert nüchtern, dass eine exakte Datierung und Rekonstruktion der Gründung Salernos nicht möglich sei. Man solle viel eher davon ausgehen, das bereits erwähnte Benedektinerkloster Montecassino hätte einen Anstoß für die Errichtung und Etablierung einer Medizinschule gegeben.[38] Da die Gründung aber auf jeden Fall noch im 10. Jahrhundert angesetzt werden muss, erscheint die Ansicht plausibel, dass Salerno zunächst unter der Schirmherrschaft der Kirche sowie durch Mitwirken von Mönchen entstand und sich nach der Säkularisierung der Medizin durch die Kirche erst selbst zu einer Schule wandelte.

Ungeachtet dessen ging Salerno auch jenseits der Alpen ein hochgeschätzter Ruf voraus, wie uns exemplarisch ein mittelhochdeutscher Auszug aus ‚Der arme Heinrich', einer Erzählung Hartmanns von der Aue, verdeutlicht. Die Handschrift kann auf das 13. Jahrhundert datiert werden und handelt von den Protagonisten Heinrich, den, gleichsam wie Hiob in der Bibelgeschichte, ein leidvolles Siechtum plagt. Die einzige Möglichkeit zu genesen sieht Heinrich darin, sich nach *Salerne* zu begeben, um dort von *wîsen* Ärzten behandelt und geheilt zu werden:

> *[...]*
> *dâ vant er vil schiere niuwan den untrôst*
> *daz er niemer würde erlôst.*
> *daz hôrte er ungerne und vour engegen Salerne*
> *und suochte ouch dâ durch genist der wîsen arzâte list.*   (Vers 176 - 182)[39]

Fakt ist, dass die unweit von Neapel gelegene *Civitas Hippocratica* nicht nur im Reichsgebiet[40] Anklang fand, sondern auch Gelehrte aus dem gesamten Mittelmeerraum anzog und so zu einem Sammelbecken medizinischen Wissens wurde. Begünstigt wurde dieser Prozess sicherlich dadurch, dass die um 1059 n. Chr. einsetzende Herrschaft der Normannen in Süd-

---

[36] „Asaph" bezieht sich wohl auf „*Sefer Asaph*" (auch „Sefer Refuoth"), was so viel wie Buch der Medizin bedeutet. Es entstand zwischen 300 und 500 n. Chr. im Raum Palästina, wurde in Süditalien wohl anschließend im 10. Jahrhundert von einem gewissen Shabetaj Donolo editiert und bearbeitet. Es fand dort rasch Anerkennung und könnte durchaus als eines der ersten Lehrbücher in hebräischer Sprache klassifiziert werden. Shatzmiller setzt den Namen Shabetaj allerdings nicht mit der Gründung Salernos in Verbindung. Vgl. Shatzmiller: Jews Medicine, S. 11.
[37] Vgl. Johann Maier: Judentum, S. 461 und Krauss: Jüdische Ärzte, S. 8.
[38] Jankrift: Heilkunde, S. 41f.
[39] Auszug aus Gärtner, Kurt u. Paul, Hermann (Hrsg.): Hartmann von Aue. Der arme Heinrich. 17. durchges. neu bearb. Auflage. (= Altdeutsche Textbibliothek Bd. 3) Tübingen 2001. S. 8.
[40] Fortan ist in der Arbeit mit „Reich" stets das Heilige Römische Reich bzw. altes Reich gemeint.

italien eine Aufwertung der Hafenstadt Salerno mit sich brachte.[41] Salerno bot ein Betätigungsfeld für viele renommierte Ärzte. Es wurden Schriften angefertigt bzw. übersetzt, die während des gesamten Mittelalters einen wissenschaftlichen Standard setzten. Überhaupt ist es der Verdienst von Übersetzern und Dolmetschern in seiner nachhaltigen Wirkung für das mittelalterliche Medizinwesen kaum zu überschätzen. Überdies stellt es eine Besonderheit dar, dass neben Juden auch Frauen als Dozenten in Salerno bezeugt sind.[42] Generell darf keinesfalls davon ausgegangen werden, die mittelalterliche Heilkunde wäre nur den männlichen Kollegen vorbehalten gewesen. Den Ärztinnen, darunter auch viele jüdische, wird sich später ein eigenes Kapitel annehmen.

2.2.4. Übersetzer als Wissensvermittler

Der Grund, weshalb Salerno und die späteren Schulen bzw. Universitäten auch überregional so rasch an Bedeutung und Einfluss gewannen, war die rege und beispiellose Tätigkeit von Übersetzern. Aufgrund der geographisch günstigen Position Salernos sammelte sich dort das medizinische Wissen des gesamten Mittelmeerraumes an, es fungierte somit als Vermittlungsstelle zwischen Okzident und Orient. Gerade für die arabischen Erkenntnisse in der Medizin war dies von unschätzbarem Wert.

Karl Sudhoff, der Begründer der gleichnamigen Reihe für Geschichte der Medizin, stellt fest, dass das südliche Italien bereits seit dem früheren Mittelalter eine Region gewesen zu sein scheint, in der sich sämtliche Wissenschaftsströmungen aus dem Osten bündelten und Ausdruck in Form von Abhandlungen oder übersetzten Schriften fanden.[43] Daher soll in diesem Zusammenhang repräsentativ das Wirken von Constantinus Africanus unsere Aufmerksamkeit verdienen. Unter dem Einfluss der Sarazenen konnten vor allem Sizilien und Ägypten viele arabische Quellen bezüglich der Medizin bieten. Auch Constantinus gelangte über Sizilien nach Unteritalien und schließlich 1077 n. Chr. nach Salerno, wo er u.a. auch Galen und die Schriften von Isaac Judaeus[44] interpretierte und neu ins Lateinische übersetzte. Als besonders herausragend hat sich sein Kompendium des gesamten griechischen Medizinwis-

---

[41] Jankrift: Heilkunde, S. 42.
[42] Ebd., S. 42f
[43] Sudhoff, Karl: Konstantin der Afrikaner und die Medizinschule von Salerno. In: Sudhoffs Archiv, Bd. 23/4 (1930), S. 293-298, hier: S. 293.
[44] Isaac Judaeus alias Isaac ibn Sulaiman al Isra'ili (10. Jahrhundert n. Chr.) schuf bedeutende Schriften für die Medizin, allerdings in arabischer Sprache. Er war wahrscheinlich auch Lehrer von den berühmten Ärzten Dūnash ben Tamim und Hasdai ben Shaprut. Vgl. Shatzmiller, Jews Medicine, S. 11f.

sens, die *ars medicinae*, herausgestellt, in der die Lehren des Hippokrates und Kommentare zu Galens Erkenntnissen das Hauptwerk ausmachen. Diese Wissenssammlung wurde offenbar sogar als Unterrichtsbuch in Salerno eingesetzt und offenbar zudem als Kriterienkatalog für medizinische Prüfungen verwendet. Sudhoff behauptet sogar, dass dieses Werk auch in Paris und im Reich eingesetzt wurde und später - unter dem Namen „Articella" bekannt - eines der ersten medizinischen Druckerzeugnisse des 15. Jahrhunderts darstellte.[45]

Constantinus trug also wesentlich dazu bei, dass dem christlichen Okzident die wichtigsten medizinischen Abhandlungen des Orients zugänglich wurden, indem er neben seiner Lehrtätigkeit Schriften aus dem Arabischen in das Lateinische übersetzte. Constantinus stellt allerdings keinen Einzelfall dar, wie Jankrift beschreibt.[46] Man darf wohl allgemein dem Wirken von Übersetzern einen unschätzbaren Beitrag zur Wissensvermittlung zuschreiben, wie wir später anhand von jüdischen Übersetzern feststellen werden.

Auch neue Erfahrungen und Fortschritte der Medizin wurden in Schriftform festgehalten. Salerno war auch der Ort, an dem sich die Anatomie bzw. Chirurgie als eigene Disziplinen entwickelten, was Roger von Salerno in seiner *Chirurgia* sammelte und festhielt. Ein regelrechter Aufschwung wurde der Chirurgie dadurch zuteil, dass Salerno während der Kreuzzüge als primäres Lazarett für verwundete Kämpfer der Kreuzzugsheere genutzt wurde, die von Kleinasien dorthin verschifft wurden. Das Behandeln von Kampfwunden, wie beispielsweise das Herausschneiden bzw. -brennen von Pfeilen, ist in Rogers Schriften detailliert enthalten. Auch die Disziplinen der Hygiene und der Diätetik fanden in Salerno Anklang, sodass Gesundheitsbücher bzw. -ratgeber verfasst wurden. Zudem kristallisierte sich die Pharmazie als eigenständige Wissenschaft heraus und brachte Neuinterpretationen und Editionen von antiken Rezeptsammlungen und Herbarien hervor.[47] Auch Avicennas Schriften, der als einer der einflussreichsten Ärzte des Mittelalters gehandelt wird, wurde in Salerno rezipiert. Seine Person soll später im Zusammenhang mit jüdischen Ärzten genauer beleuchtet werden.

---

[45] Ebd., S. 295-97.
[46] Jankrift: Heilkunde, S. 42f.
[47] Ebd., S.43f.

2.2.5. Regulierung und Bürokratisierung einer Wissenschaft

Die Normannenherrschaft in Süditalien förderte nicht nur den Aufschwung der Medizinschule Salerno, sondern initiierte auch erste Regulierungsversuche hinsichtlich der medizinischen Ausbildung. Anders als in der arabischen Welt galten in der christlichen Hemisphäre keine Regelungen für eine normierte Arztausbildung. Daher erließ 1140 n. Chr. Normannenkönig Roger II. von Sizilien rechtsverbindliche Beschlüsse, die die Ausbildung und Praxis von Ärzten zu regulieren versuchten. Im Zuge dessen wurde erstmals eine verpflichtende Abschlussprüfung für Absolventen der Medizinschule vorgesehen, um Behandlungen durch Dilettanten und Pfuschern vorbeugen zu können. Ferner wurden Haftstrafen für diejenigen, die einer ärztlichen Tätigkeit ohne Beglaubigung nachgingen, eingeführt.[48]

Kaiser Friedrich II. bestärkte im Jahre 1231/40 n. Chr. diese Regulierungsbestrebungen, indem er durch das *Liber Augustalis* Statuten herausbrachte, die der Ausbildung und auch der Spezialisierung eine Leitlinie verlieh, sodass man durchaus von einem verbindlichen Curriculum im heutigen Sinne sprechen kann. Laut Jankrift wurde der Autorität Salernos hinsichtlich der Prüfungsordnung eine wichtige Rolle für das Medizinstudium zuteil, welches fortan fünf Jahre dauern und dessen Ende durch Prüfungen und Zeugnisse bestätigt werden sollte. Auch die Pharmazie löste sich endgültig als eigene Disziplin von der Medizin, obschon mittelalterliche Apotheker meist dennoch unter der Kontrolle von den Ärzten standen. Allerdings bleibt zu betonen, dass diese Statuten teilweise Jahrhunderte benötigten, bis sie jenseits der Alpen beispielsweise im Reich anerkannt wurden. Trotzdem trugen sie zu einem Regulierung der Medizinwissenschaft entscheidend bei.[49]

2.2.5.1. Lizenzen

Shatzmiller, dessen Beiträge für die jüdische Ärzteschaft des Mittelalters von fundamentaler Bedeutung sind, sieht diesen Bürokratisierungsprozess als Begleiterscheinung der bereits erwähnten Medikalisierung der Gesellschaft an. Seiner Meinung nach sahen sich die Herrscher schlichtweg dazu gezwungen, nach dem Wegfall von klerikalen Heilkundigen ein qualifiziertes Personal garantieren zu können. Daher war es wohl sogar vor 1250 n. Chr.

---
[48] Jankrift: Heilkunde, S. 45f.
[49] Vgl. Ebd., S.46f.

bereits üblich, spezielle Lizenzen auszustellen, um die Kompetenz des Arztes zu bezeugen und ihn zum Praktizieren zu befähigen.[50] Man darf sich diese *licentia practicandi* durchaus als eine Art Zeugnis vorstellen, das gegebenenfalls auch vorgelegt werden musste, um eine medizinische Ausbildung nachweisen zu können. John M. Efron fügt hinzu, die Maßnahme der Lizensierung hätte eine erhebliche Reduktion des medizinischen Fachpersonals nach sich gezogen.[51] Dies korreliert mit der These Shatzmillers, dass die Bestrebungen von Herrschern dahin gingen, ärztliche Tätigkeiten ausschließlich von ausreichend qualifiziertem Personal ausüben zu lassen.

Shatzmillers Aussagen beruhen auf eine spektakuläre Ausarbeitung sizilianischer Dokumente durch die Gebrüder Lagumina, welche die jüdische Präsenz auf Sizilien bis zum Zeitpunkt der Vertreibung im Jahre 1492 n. Chr. untersuchten.[52] Anhand dieser Untersuchungen konnte das Lizensierungsverfahren rekonstruiert und ausgewertet werden, was in Bezug auf jüdische Medizinabsolventen später noch detaillierter zum Einsatz kommen wird. Wichtig für die Forschung ist ferner der umfassende Beitrag, der von Luis García-Ballester und anderen Autoren im Magazin der ‚American Philosophical Society' erschienen ist. Hier wird anhand von Dokumenten des 14. Jahrhunderts aus Valencia das Lizensierungsverfahren exemplarisch dargestellt. Es gab wohl eine Art Komitee, das – beispielsweise im Auftrag einer Gemeinde – den Arztanwärter einer Prüfung unterzog, und der betroffenen Person nach Bestehen derselben eine Lizenz ausstellte. Die Prüfung wurde geleitet und observiert von einem sogenannten *examinador*, der letztendlich auch für die Vergabe einer Lizenz verantwortlich war. Shatzmiller führt an, dass diese auch nach griechischem bzw. arabischem Vorbild als *protomedicus* bezeichnet worden seien.[53] Man stelle sich wohl vor, dass dieser als Oberarzt tätig war und als höchste Autorität die Aufgabe hatte, die Prüfungen durchzuführen und über die Lizenzvergabe zu entscheiden. Dieser Vorgang war übrigens kein Sonderfall auf der iberischen Halbinsel: So betonen die Autoren ausdrücklich, dass diese Praxis der Lizenzvergabe etwa auch in Montpellier im selben Jahrhundert üblich war.[54] Dieses Procedere galt sowohl für Christen als auch Juden und selbstverständlich wurden nicht alle Prüflinge für tauglich befunden, sodass sie im schlimmsten Fall sogar mit einem sofortigen Berufsverbot rechnen mussten.[55]

---

[50] Shatzmiller: Jews Medicine, S. 14f.
[51] Efron: German Jews, S. 19.
[52] Shatzmiller: Jews Medicine, S. 16f.
[53] Vgl. Ebd., S. 18f. und García-Ballester, Luis u.a.: Medical Licensing and Learning in Fourteenth-Century Valencia. In: Transactions of the American Philosophical Society, New Series, Bd. 79/6 (1989), S. i-viii und S. 1-128, hier: S. 11f.
[54] Ebd., S. 13.
[55] Bezieht sich eigentlich selbst auf Shatzmiller: Jankrift: Juden Medizin, S. 361.

2.2.5.2. Universitäten und Fakultäten

Letztendlich trugen diese Maßnahmen entscheidend dazu bei, dass die Medizin als eigene Wissenschaft anerkannt und praktiziert wurde. Zeitgleich wurden ab Ende des 11. Jahrhunderts in Europa die ersten Universitäten gegründet, wie die von Bologna im Jahre 1088 n. Chr. Die Folge war, dass auch die ersten medizinischen Fakultäten an den Unis errichtet wurden, die sich im Zuge des Säkularisierungsprozesses des Medizinwesens dazu legitimiert und berufen sahen. Während die einst große Medizinschule Salerno Bedeutung und Einfluss einbüßte, entstanden im 13. Jahrhundert medizinische Fakultäten in Universitäten wie u.a. Bologna, Montpellier und Padua. Der *Corpus Hippocraticum*, die Lehren Galens und das prototypische Unterrichtswerk *Articella* des Constantinus Africanus bildeten immer noch den wesentlichen Bestandteil dieser neu entstandenen scholastischen Medizin.[56]

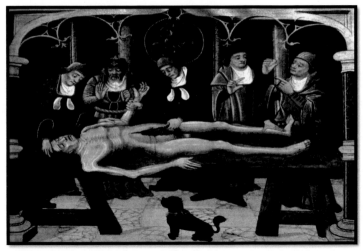

Abb. 6: Buchzeichnung aus dem französischen Werk *De proprietatibus rerum:*

Seit dem 15. Jahrhundert war die Leichensektion eine Teildisziplin des Medizin-Curriculums an den Universitäten. Der sogenannte Prosektor (schwarze Kleidung) seziert den toten Körper mit seinem Skalpell. Rechts am Seziertischende der Professor, welcher die Sektion mit Erläuterungen ergänzt.

Dies galt allerding lange Zeit nicht für Mitteleuropa bzw. den deutschsprachigen Raum. Hier wurde versäumt, an der Entwicklung der Medizinscholastik anzuknüpfen. Als unter Kaiser Karl IV. 1348 n. Chr. die erste Universität des Reiches in Prag gegründet wurde, existierten in

---

[56] Jankrift: Heilkunde, S.47f.

Italien bereits 15 Universitäten.[57] In Bezug auf die Wissenschaft, folglich auch die Medizin, wurde das Reich von seinen Nachbarn Frankreich und Italien sowie der iberischen Halbinsel deutlich übertroffen. Selbst England bot mit Oxford und Cambridge bereits zwei Universitäten, die schnell überregionalen Ruf erlangten. Letzten Endes stützen die Ergebnisse der Forschung die Thesen, dass a) bezüglich der medizinischen Versorgungsstrukturen massive regionale Differenzen herrschten und b) das Reichsgebiet in dieser Hinsicht in keinem Vergleich zu Italien oder Spanien stand. Zudem herrschte immer noch ein fließender Übergang zwischen scholastischer und völkischer Medizin.[58]

Dennoch wurde das Studium der Medizin prinzipiell frei von weltlichen und klerikalen Zwängen, sofern man das nötige Geld für ein Studium besaß. Auch die Ausbildung, die Prüfung und sogar die Ausübung des Ärzteberufes wurden reglementiert, sodass sich eine eigene feste Berufsgruppe innerhalb der mittelalterlichen Gesellschaft herausbildete. Hinsichtlich des Themas dieser Arbeit gibt es jedoch ein entscheidendes Problem: „For most of the High Middle Ages neither Jews nor women were admitted to universities."[59]

Wenn den Juden also in der Regel der Zugang zu Universitäten verboten war, wie konnten sie dann an der scholastischen Medizin partizipieren?[60] Wie wurde man überhaupt ein jüdischer Arzt, der sogar aufgrund seiner hohen Kompetenz christlichen Ärzten unter Umständen vorgezogen wurde? Gab es überhaupt so etwas wie eine „jüdische Medizin"?

---

[57] Ebd., S. 48.
[58] Jütte, Robert: Ärzte, Heiler und Patienten. Medizinischer Alltag in der frühen Neuzeit. München 1991, S. 10.
[59] Shatzmiller, Jews Medicine, S. 27.
[60] Erstaunlich: Tatsächlich gibt es wohl einen Bericht, der erwähnt, dass der König von Sizilien per Erlass den sizilianischen Juden 1466 n. Chr. gewährte, eine eigene jüdische Universität zu gründen. Auch wenn diese Universität nicht primär eine Medizinschule werden sollte, so wurden die Juden dennoch beauftragt, Doktoren, Juristen und Meister für den Unterricht anzuwerben. Leider kommentiert Shatzmiller nicht, welchen Ausgang dieses Unterfangen genommen hat: Ebd., S. 25f.

3. Jüdische Medizinkultur

In der Tat finden sich kaum Belege für Studenten, die jüdischen Glaubens waren und einem Medizinstudium nachgingen. Eine große Ausnahme bildete die Universität von Montpellier, welche aufgrund des Themengebietes zwar nicht in das zu behandelnde Spektrum fällt, aber aufgrund ihrer Brisanz hier kurz zu erwähnen ist.

Wie Shatzmiller berichtet, stieß die französische Universität ab dem 14. Jahrhundert auf ein großes Interesse von angehenden jüdischen Ärzten. So wissen wir von einem Juden Abraham Avigdor aus der Provence, welcher uns von seiner Reise nach Montpellier berichtet, um dort von christlichen Gelehrten unterrichtet zu werden.[61] Jakob ben Machir soll sogar Dozent bzw. als *magister regens* Vorsteher der medizinischen Fakultät Montpelliers gewesen zu sein.[62] Wie kam es dazu, dass ausgerechnet diese Universität so liberal gegenüber Juden war? Maier kommt zu dem Ergebnis, dass Montpellier grundsätzlich unter großen jüdischen Einfluss stand.[63] Samuel Krauss geht überdies davon aus, dass „die Juden an der Stiftung der medizinischen Schule zu Montpellier selbst beteiligt"[64] waren. Ferner sieht er den Grafen von Montpellier, Wilhelm (Guillem) VIII. an diesen Prozess beteiligt, der in einem Erlass von 1180 der Universität erlaubte, die Wissenschaft der Medizin auszuführen.

Als Teil der neuen Forschung revidiert Shatzmiller diese These allerdings und weist darauf hin, dass der Beschluss Wilhelms nicht von religiösen und ethnischen Motiven geprägt war, sondern darauf abzielte, Bildungsmonopole zu zerschlagen und sich Studenten weiterhin als Einnahmequelle zu sichern.[65]

Auch an anderen Universitäten finden sich vereinzelt Belege über jüdische Präsenz. In einer Notiz des jüdischen Philosophen Judah Cohen erfahren wir, dass jener selbst eine gewisse Zeit mit dem Medizinstudium in Bologna verbracht habe. So werden jüdische Absolventen erwähnt, die die *laurea* in italienischen Universitäten erhielten und somit befähigt waren,

---

[61] Ebd., S. 29.
[62] Ebd., S. 27. Vgl. auch Krauss, der diesen als „Regenten der Schule" bezeichnet: Krauss: Jüdische Ärzte, S. 22.
[63] Maier, Geschichte Juden, S. 462.
[64] Krauss, Jüdische Ärzte, S. 21.
[65] Vgl. Ebd. und Shatzmiller: Jews Medicine, S. 27.

selbst zu unterrichten. Unter diese fällt auch Elia di Sabbato da Fermo, ein jüdischer Arzt und Günstling des Heiligen Stuhls, welcher uns später nochmal begegnen wird.[66]

Letztendlich sollte dennoch festgehalten werden, dass diese Fälle absolute Ausnahmen darstellen und häufig mit der Gewährung von irregulären Privilegien einhergingen. Selbst die Stellung Montpelliers sollte nicht allzu überschätzt werden, zumal spätestens 1394 n. Chr. die Vertreibung der Juden aus Frankreich auf königlichen Beschluss hin initiiert wurde. In der Regel blieben die Tore einer europäischen Universität für Juden verschlossen. Folglich muss es andere Zugänge und Möglichkeiten für Juden gegeben haben, Teil einer, von christlicher Omnipräsenz gezeichneten, Ärzteschaft des europäischen Mittelalters zu werden.

3.1 Jüdische Ärzte – Beruf aus Tradition?

Diesem offensichtlichen Mangel von Ausbildungsmöglichkeiten für Juden und des damit verbundenen Praktizierens stehen evidente Fakten der Forschung gegenüber, die suggerieren, dass bereits im Mittelalter selbst eine feste Begriffskonnotation zwischen Judentum und Heilkunde entstand.

Ab dem 13. Jahrhundert, im Zuge der Loslösung der Medizin von der Kirche, war der Arztberuf einer der renommiertesten Tätigkeiten unter Juden geworden und brachte Rabbis großes Prestige ein.[67] Man kann es daher nur begrüßen, dass der Historiker Michael Toch in einem knappen Beitrag das allgegenwärtige Vorurteil beiseite räumt, Juden wären neben dem Geldverleih keiner nennenswerten Beschäftigung im Mittelalter nachgegangen und hätten zudem immer ein beachtliche Finanzkraft besessen. Diese Annahmen sind schlicht und ergreifend falsch, obschon Toch bezüglich der Tätigkeitsfelder eingesteht, dass Geldhandel durchaus der verbreitetste und vielleicht wichtigste Beruf für Juden im Mittelalter darstellte.[68] Dennoch darf die Stellung des Medizinwesens innerhalb jüdischer Berufsgruppen auf gar keinen Fall unterschätzt werden: „From about 1250, medicine came to occupy a central place in the array

---
[66] Die *laurea*, eine speziell italienische Auszeichnung, wurde eigentlich nur an Christen verliehen. Shatzmiller berichtet von drei ausgezeichneten Juden, für die extra die Zeremonie von dem Universitätskanzler neu improvisiert werden musste, da normalerweise der Bischof die zeremonielle Verleihung in einer Kathedrale durchführte. Vgl. Ebd., S. 32f.
[67] Efron: German Jews, S. 13.
[68] Toch, Michael: Geldleiher und sonst nichts? Zur wirtschaftlichen Tätigkeit der Juden im deutschen Sprachraum des Spätmittelalters. In: Frank Stern und Shulamit Volkov (Hrsg.): Tel Aviver Jahrbuch für deutsche Geschichte, Bd. 22. Tel Aviv 1993, S. 117-126, hier: S. 117f.

of professions engaged in by medieval Jewry."[69] Wo die Juden in im 13. Jahrhundert lediglich nur 1 % der Gesamtbevölkerung Europas ausmachten, so stellten sie doch in manchen Regionen Spaniens etwa 50 % aller Heilkundigen.[70] Nun drängte sich vermutlich schon damals sehr schnell der Verdacht auf, der Arztberuf würde tief in der jüdischen Kultur wurzeln und wäre seit Jahrhunderten ein fester Bestandteil der jüdischen Geschichte gewesen. So auch der Zeitgenosse und Universitätsrektor von Leipzig, Petrus Mosellanus, welcher uns 1518 n. Chr. folgendes berichtet:

„An non ut omnes alia et haec ars primum omnium a Iudaeis est percepta et hinc Iudaico sermone conscripta? Latet adeo in Hebraeorum bibliothecis rei medicae thesaurus ingens, ut nullius alterius linguae libris aequari posse videatur. Eum citra Hebraicae grammaticae cognitionem in lucem eruere poterit nemo."[71]

Petrus Mosellanus[72] behauptet hier im Zusammenhang der Medizin-Kunst, dass eben jene Kunst zu aller erst von Juden sowohl erlernt als auch niedergeschrieben worden sei (*haec ars [...]a Iudaeis est percepta et [...] conscripta*). Es befände sich somit ein wahrer Schatz an Wissen in hebräischen Bibliotheken, dessen Umfang und Bedeutung sich nicht mit Büchern anderer Sprachen übertreffen ließe (*nullius alterius linguae libris aequari posse videatur*). Daher ließe sich der Schatz ohne Hebräisch-Kenntnisse von niemandem ergründen.

Dem Auszug folgen schließlich noch Hinweise auf einflussreiche jüdische Ärzte, welche u.a. im Dienste des römisch-deutschen Kaisers und des Papstes standen. Ungeachtet dessen ging Mosellanus jedoch fest davon aus, dass es bereits zu den Anfängen der jüdischen Kultur einen beachtlichen Wissensschatz und eine große Menge an medizinisches Schriftmaterial gegeben haben müsse. In seinem Schriftzug fordert er Gelehrte regelrecht auf, Hebräisch zu lernen, um sich des ungeheuren Wissens bemächtigen zu können. Hebräisch mag durchaus eine wichtige Rolle gespielt haben was den Wissenstransfer von Orient nach Okzident betrifft, denn tatsächlich löst es im 12. Jahrhundert Arabisch als Wissenschaftssprache ab.[73] Aber war die Medizin wirklich seit der Genese des Judentums ein fest verankerter Part der hebräischen Sprache und Kultur? Lassen sich im frühesten jüdischen Schriftzeugnis, dem Talmud, bereits Belege für eine Verknüpfung von Medizin und Judentum finden?

---

[69] Efron: German Jews, S. 13.
[70] Vgl. Ebd. und Jankrift: Juden MA-Medizin, S. 359.
[71] Auszug aus *Oratio de variarum linguarum cognitione paranda* bei: Friedenwald, Harry: Note on the Importance of the Hebrew Language in Mediaeval Medicine. In: The Jewish Quarterly Review, New Series, Bd. 10/1. (1919), S. 19-24, hier: S. 20f.
[72] Eigentlich Peter Schade. Das Cognomen bezieht sich auf seinen Geburtsort Bruttig an der Mosel. Vgl. Ebd., Fußnote 2.
[73] Barnavi, Stern: Universal Geschichte, S. 96.

3.1.1 Spurensuche

Wie bereits im Zusammenhang des Christus-Medicus-Motivs erwähnt, wäre unter christlichem Aspekt der Gedanke durchaus plausibel, die Anfänge des Medizinwesens in der Bibel zu sehen. So heißt es schließlich in 2. Buch Mose: „Ich der Herr bin euer Arzt!"[74] Im Talmud hingegen lesen wir: „Der beste Arzt ist für die Hölle bestimmt."[75] Dieser schon fast zynisch anmutende Kommentar lässt zunächst nicht vermuten, dass jüdische Glaubensgrundsätze mit der Medizin harmonieren. Bezüglich des Selbstverständnisses jüdischer Ärzte hat Allan Berger allerdings Überlegungen angestellt, die einen Eindruck vermitteln, Arzt im Auftrag Gottes zu sein:

Demzufolge stellt der menschliche Körper den Tempel der Seele dar und gewinnt dadurch sakrale Bedeutung. Aufgrund dessen wird der Aufgabe, jenen Seelentempel instand zu halten, durchaus eine gewisse Importanz zugesprochen, sodass die Tätigkeit des Arztes eine wertvolle Dienstleistung darstellt, die es angemessen zu belohnen gilt. Dies hat zur Folge, dass Arzt und Priester oft als gleiches Individuum angesehen wurden, da letztendlich nicht der Arzt, sondern Gott durch die Hände des Arztes den Kranken heilt.[76] Hier lassen sich eindeutig Parallelen zu den christlichen Heils-Motiven herstellen und auch erklären, weshalb der Beruf des Arztes für Rabbis oftmals so großes Prestige mit sich brachte.[77] Ärztliches Handeln bedeutet also letzten Endes nichts anderes als das Imitieren Gottes, sein Heilungswerkzeug zu sein. In Bezug auf das vorangestellte Zitat würde es folglich anmaßende Häresie bedeuten, sollte sich ein Arzt qualifizierter und kompetenter betrachten als der höchste aller Ärzte, Gott selbst.

Trotz dieser Hinweise und der Tatsache, dass sich im Talmud durchaus Anleitung bzw. Ratschläge bezüglich Hygiene und menschlicher Anatomie finden lassen, sieht John Efron keinen Grund, deswegen von einer spezifisch jüdischen Medizin sprechen zu können. Insofern erscheinen Petrus Mosellanus Annahmen irrig, denn es gibt keine Anzeichen von jüdischen Medizinbüchern während der Talmud-Ära. Offensichtlich warnte sogar der berühmte Talmudist Jakob ben Moses Möllin im 14./15. Jahrhundert ausdrücklich davor, man solle keine

---

[74] Exodus 15,26. In: Deutsche Bibelgesellschaft (Hrsg.): Gute Nachricht Bibel. Altes und Neues Testament. Revidierte Fassung 1997 der „Bibel in heutigem Deutsch". Stuttgart 1997, S. 71.
[75] Zitiert und übersetzt nach Berger, Allan: The Arrogant Physician – A Judaic Perspective. In: Journal of Religion and Health, Bd. 41/2 (2002), S. 127-129, hier: S. 127.
[76] Ebd., S.127f.
[77] Vgl. auch nochmals Efron: German Jews, S. 13.

medizinischen Lehren aus dem Talmud ziehen.[78] Jankrift verweist zwar auf eine Talmud-Stelle, welche empfiehlt, sich nicht in einer Stadt ohne Arzt niederzulassen, kommt jedoch auch zu einem Umkehrschluss: Auch wenn der Talmud Informationen zu Heilmittel und Behandlungsmöglichkeiten preisgibt, so erweist sich der Talmud als Quelle zu unsicher.[79] Auch der *Gaon*[80] von Babylon, die religiöse Autorität der mittelalterlichen Juden, machte bereits im 10. Jahrhundert deutlich, dass die Lehren der Talmudliteratur nicht als Maxime der Medizinwissenschaft zu werten sind. Trotz allem war z.b. im Reichsgebiet der Autoritäts- und Einflusszuwachses eines jüdischen Arztes noch größer, wenn er neben seiner Ärztetätigkeit auch noch das Amt des Gemeindevorstehers oder Rabbiners besetzte.[81]

Die neuere Forschung kommt also zu dem Schluss, dass es a) keine Hinweise auf jüdische Traditionen im Bereich Medizin belegt sind und es b) keinerlei jüdische Medizin-fachliteratur – weder auf Hebräisch, Griechisch oder Arabisch, usw. – gab.[82] Dies wirft natürlich die Frage auf, woher jüdische Ärzte ihr Wissen bezogen bzw. wie sie ihr medizinisches Wissen tradierten. Schließlich wird Mosellanus nicht ohne Grund die üppige Bandbreite an hebräischer Literatur erwähnt haben.

3.1.2. Hebräische Literatur

Tatsächlich stellte es für die jüdische Ärzteschaft des Mittelalters ein Problem dar, dass keinerlei hebräische Fachliteratur existierte. Schließlich waren neben oraler Tradierung Schriftstücke und Bücher die ungeschlagene Nummer eins der Wissensvermittlung. Außerdem war es bekanntlich gängig, dass Christen auf Latein lernten und Juden auf Hebräisch.

Wenn also keine hebräische Literatur existierte, dann gab es nur eine logische Option: „The primary task in Jewish medical education was to build up a „Jewish" medical library."[83]

Das erste medizinische Basiswerk, das für mittelalterliche Juden auf Hebräisch zugänglich war, war vermutlich das bereits erwähnte *Sefer Asaph*. Es beruhte auf die hippokratischen

---

[78] Ebd., S.13f.
[79] Jankrift: Juden MA-Medizin, S. 355.
[80] Der *Gaon* (pl. *Geonim*) war im Früh- und Hochmittelalter der formelle Titel des Schuloberhauptes von den Talmud-Akademien Babyloniens, später auch von Bagdad und Ägypten. Ferner repräsentierte er die höchste jüdisch-legislative Autorität. Assaf, Simha und Derovan, David: „Gaon", EJ², Bd. 7,S. 380-386.
[81] Efron: German Jews, S. 40.
[82] Vgl. auch Shatzmiller: Jews Medicine, S. 10f.
[83] Ebd., S.36.

Lehren und fand schon in Salerno großen Anklang. Es stammt vermutlich aus dem 10. Jahrhundert und wurde von Sabbatai Donnolo bearbeitet und übersetzt.[84] Dennoch stellte 1250 n. Chr. der jüdischer Übersetzer Salomon ben Abraham ernüchtert fest, wie wenig hebräische Medizinliteratur doch verfügbar sei.[85] Übrigens muss konstatiert werden, dass sich das Gros an jüdischen Ärzten zu diesem Zeitpunkt noch in den arabischen Ländern befand.[86] Das jüdische Wissenschaftskollektiv musste also eine gewaltige Aufholjagd beginnen, um den arabisch-christlichen Wissensvorsprung wettzumachen.

Die Motive für die geleisteten Übersetzungsarbeiten waren mannigfaltig. Zunächst scheint ganz pragmatisch der finanzielle Aspekt eine nicht zu unterschätzende Rolle gespielt haben. Zumal man davon ausgehen sollte, dass die medizinischen Abhandlung nicht nur übersetzt, sondern auch kommentiert und bearbeitet wurden. Da Pergament und später Papier nicht billig waren und die Zeit einer vollständigen Buchübersetzung vor der Erfindung des Buchdrucks sehr zeitintensiv sein konnte, entstand diese Transferarbeit wohl kaum auf kostenfreier Basis. Shatzmiller macht allerdings darauf aufmerksam, dass neben Geld durchaus auch das Motiv der Bildungsmöglichkeit eine Rolle spielte, denn wir dürfen nicht vergessen: Juden war der Zugang zu Universitäten verwehrt. Ein fach- und sprachkundig jüdischer Gelehrter konnte aus einer Übersetzungsarbeit also durchaus profitieren und sein bereits vorhandenes Wissen erweitern oder gänzlich neu aufbauen.[87] Es liegt nahe, sich diesen Prozess durchaus im Rahmen eines Netzwerkes vorzustellen, denn unter allen Berufen waren Ärzte die mobilste Gruppe jüdischer Bevölkerungsteile, wie Michael Toch nahelegt.[88] Auch die Tatsache, dass die jüdische Diaspora über das ganze Mittelmeer und über die beiden Machtbereiche der Christenheit und des Islams reichte, untermauert die Annahme einer regional breit gefächerten Übersetzungstätigkeit jüdischer Gelehrter. Efron erwähnt beispielsweise, dass jüdische Immigranten oftmals ihre Übersetzungen mit nach Westeuropa brachten.[89]

---

[84] Auch *Sefer Refuot,* ‚Buch/Kanon der Medizin' vgl. dazu Ebd., S.11 und Jankrift: Juden MA-Medizin, S. 385 sowie Barnavi, Stern: Universal Geschichte, S. 97.
[85] Shatzmiller: Jews Medicine, S. 11.
[86] Efron: German Jews, S. 15. Vgl. hierzu auch Shatzmiller, der betont, dass die Entwicklung bzgl. jüdischer Heilkundiger generell in arabischen Ländern dem christlichen Europa in etwa 100 bis 200 Jahre voraus gingen. Die Juden dort kompensieren den herrschenden Mangel an hebräischer Fachliteratur zunächst dadurch, dass sie Zugang zu den Medizinlehren der Antike durch arabische Schriften erhielten. Dort übersetzten sie auch für Kollegen, Verwandte und Freunde die Werke ins Hebräische. Angereichert mit diesem Wissen, wanderten viele Juden dann nach Europa (z.B. in das ebenfalls islamische Al-Andalus, Spanien).
Siehe Shatzmiller: Jews Medicine, S. 12f.
[87] Ebd., S. 50f.
[88] Toch: Geldverleiher, S. 122. Bezüglich der Mobilität und Netzwerk soll später anhand des Reiches und Norditaliens noch genauere Überlegungen angestellt werden.
[89] Efron: German Jews, S. 15.

Abb. 7: Bild eines Medizinherbariums, das um 1500 in Italien entstand. Es trägt die Inv.-Nr. Hébreu 1199 und findet sich in der Nationalbibliothek Frankreichs in Paris wieder.
Zu sehen sind zwei Seiten eines Kompendiums von Heilpflanzen sowie deren pharmazeutische Anwendungs-möglichkeiten. Auf der linken Buchseite ist das Johanniskraut zu sehen, rechts mit „Jpericon" und links kleiner mit dem hebräischen Wortlaut versehen.
Ebenso ist ein stilisiertes Teufelchen erkennbar, was auf die Wirkung des Krauts als „Teufelsbanner" hinweist.

Jankrift lenkt hier jedoch ein, indem er behauptet, dass dieses Schaffen einer hebräisch-medizinischen Schriftpräsenz größtenteils in der Provence und auf der iberischen Halbinsel geleistet wurde. Aus dem römisch-deutschen Reichsgebiet würde daher nur ein sehr überschaubarer Übersetzungsteil stammen, zumal eine präzise Auskunft hinsichtlich der Verwendung von den übersetzten Büchern kaum möglich sei. Auch verlagert Jankrift das Motiv des Wissensdurstes bei Übersetzungen nach hinten und betont, dass die Übersetzungen meist aufgrund von Auftrag bzw. Nachfrage entstanden seien.[90]

So oder so bahnte sich eine Wende an, denn schon bald löste die Hebräische Sprache das Arabische als Wissenschaftssprache ab. Seit dem 12. Jahrhundert stand die europäisch-mittelalterliche Medizinliteratur unter großen Einfluss von jüdischen Übersetzern, die arabische und griechische Texte ins Hebräische transferierten oder gar ganz neue Werke schufen.[91] Ab dem 13. Jahrhundert erfolgte die Übersetzung neben dem Hebräischen meistens auf Latein, sodass Juden nicht nur innerhalb ihres Kulturkreises, sondern sogar auf ganz Europa bezogen einen entscheidenden Teil zur Entstehung von Medizinliteratur beitrugen.[92] Um das Jahr 1400 n. Chr. wurden jedenfalls die wichtigsten und bedeutendsten Bücher der Medizin in die hebräische und lateinische Sprache übersetzt. Efron resümiert in diesem Zusammenhang, dass diese Übersetzungsarbeiten eine jüdische Ärztekultur im Hochmittelalter einleiteten, mehr noch: Dieser Vorgang stellt eine Einzigartigkeit innerhalb des jüdischen Entwicklungsprozesses dar und verdient in seiner Bedeutung höchste Beachtung.[93] Auch die ältere For-

---

[90] Jankrift: Juden MA-Medizin, S. 358f.
[91] Vgl. Efron: German Jews, S. 15 und Barnavi, Stern: Universal Geschichte, S. 96.
[92] Shatzmiller, Jews Medicine, S. 52.
[93] Efron: German Jews, S. 15.

schung möchte der hebräischen Literatur eine herausragende Bedeutung attestieren. So erteilte König Manuel von Portugal 1497 n. Chr. den gegenwärtigen und werdenden jüdischen Konvertiten, den *Conversos*, die Erlaubnis, weiterhin hebräische Bücher für ihre Arzttätigkeit heranzuziehen.[94] Auf der anderen Seite stellt Shatzmiller nach Recherchen fest, dass im Hoch- und Spätmittelalter kein einflussreiches - explizit jüdisches – Werk in der Medizin entstanden ist. Es bleibt also festzuhalten, dass jüdische Übersetzungen zwar eine herausragende Rolle für die medizinische Fachliteratur des Mittelalters spielten, aber jüdische Ärzte letztendlich keine eigene Literatur vorzuweisen hatten, sondern lediglich Übersetzungen bereits bekannter Abhandlungen.[95] Gab es dennoch Präferenzen hinsichtlich der zu übersetzenden Werke oder gar favorisierte Autoren? Im Folgenden sollen zwei zentrale Figuren herangezogen werden, deren Schaffen und Wirken die hebräische Literatur maßgeblich bestimmte.

3.2. Ärztefürst Avicenna

Unumstritten ist in der Forschung die Tatsache, dass der weltbekannte Arzt und Philosoph Avicenna (*Abu Ali al-Hussein ibn Abdallah ibn Sīnā*, 980 – 1037 n. Chr.) mit seinen Kompendien einen großen Einfluss auf die Medizinentwicklung und Fachliteratur hatte. Der in Persien geborene Avicenna wurde schon früh vom Sultan als Mediziner konsultiert und genoss eine umfassende Ausbildung, u.a. in Physik, Philosophie und Medizin.[96] Sein Leben und Werk würden allein eine separate Arbeit in Anspruch nehmen, sodass an dieser Stelle seine Bedeutung auf das Wirken innerhalb der jüdischen Medizinkultur heruntergebrochen werden muss. In seiner Schaffenszeit verfasste der *princeps medicorum,* wie er auch gern genannt wurde, einflussreiche Schriften, die zahlreich übersetzt und verbreitet wurden, darunter auch lyrische Werke über die Heilkunde. Trotz seiner islamischen Herkunft wurde der Fürst aller Ärzte innerhalb jüdischer Kreise sehr geschätzt und seinen Werken hohe Bedeutung beigemessen. Sein Einfluss auf die jüdische Kultur darf daher keinesfalls unterschätzt werden.[97] Shatzmiller behauptet, dass Avicennas Werke sehr oft und vielfach in das Hebräi-

---

[94] Friedenwald: Hebrew Language, S. 19f.
[95] Vgl. auch Shatzmiller: Jews Medicine, S. 53.
[96] Jankrift: Heilkunde, S. 20.
[97] Pines, Shlomo und Suler, Bernhard: „Avicenna", EJ², Bd. 2, S. 727-729.

sche übersetzt wurden und somit die begehrtesten und beliebtesten Vorlagen für die jüdische Medizinliteratur darstellten.[98]

Hauptverantwortlich für den außerordentlichen Einfluss und Ruhm des Ärztefürsten dürfte das schriftliche Hauptwerk Avicennas, der Kanon der Medizin, gewesen sein. Es lehnt sich hauptsächlich an Galens Werke an und enthält Lehrmeinungen von Platon und Hippokrates sowie Avicennas eigene Kommentare. Der Kanon besteht insgesamt aus fünf separaten Büchern, welche ihren Schwerpunkt allerdings deutlicher auf die medizinische Theorie als auf die Praxis legen:

Buch 1 behandelt allgemeine Krankheitslehren, darunter selbstverständlich Galens Viersäftelehre sowie ein Versuch, Aufgaben und Wesen der Medizin zu definieren. Buch 2 folgt mit einer großen Auflistung von Heilmitteln, welche pflanzlichen, animalischen oder mineralischen Ursprung haben können.

Abb. 8: Die Abbildung ist ebenfalls ein Ausschnitt aus der spätmittelalterlichen Kanons-Übersetzung aus Italien, ca. 1438/40, Ms 2197, fol. 7r. und illustriert eine Urinprobe während der Arztvisite.

Die Urinprobe war eine von vielen beschriebenen Diagnosemittel in Avicennas Kanon der Medizin. Zu sehen sind hier die Patienten, die während einer Sprechstunde nacheinander ihren Urin dem Arzt (sitzend) zur Überprüfung übergeben.

Buch 3 verkörpert eine Abhandlung von Pathologie und Therapie, worin auch Elemente der Volksmedizin sowie anatomische Darstellungen enthalten sind. Allgemeine Krankheitsbilder,

---

[98] Shatzmiller: Jews Medicine, S. 48.

darunter Fieber und Ausschläge sowie kosmetische Behandlungsmethoden finden sich im vierten Buch. Der abschließende Band beschäftigt sich mit der Pharmazie, die Herstellung von Heilmitteln sowie ein Index für Apothekermaße.[99] Strohmaier fügt in seinem Beitrag zu Avicenna allerdings hinzu, dass es unklar sei, welche Teile bzw. Bücher genau Komponenten der antik-griechischen Medizin übernahmen und was als eigene Überlegungen Avicennas zu interpretieren ist.[100]

Erste Adaption und Verbreitung erfuhr der Kanon durch den bereits behandelten Constantinus Africanus in Salerno, von wo aus er in übersetzten Varianten Einzug in sämtliche Universitäten fand.[101] Anhand eines Fundes zahlreicher medizinischer Fragmente in der Synagoge von Kairo unterstützt Strohmaier die These Shatzmillers, dass Avicennas Schriften somit zu den begehrtesten Objekten der jüdischen Ärzteschaft zählten. Auch eine äußerst gelungene und prachtvolle Übersetzung des Kanons auf Hebräisch, welche in Bologna um 1491/92 n. Chr. entstand, soll Zeuge des ungebrochenen Rufes dieses Meisterarztes bei den Juden sein.[102]

Obschon letztlich nicht mit Sicherheit festgestellt werden kann, welches Buch bzw. welches Werk die jüdischen Ärzte am meisten beeinflusste oder als Lehrmaterial diente, lässt sich zweifelsohne eines konstatieren: „Avicenna's Canon of Medicine, [is] the most important medical book in the High Middle Ages and certainly the most influential."[103] Allerdings fügt Strohmaier hinzu, dass Avicennas Kanon gegen Ende des Mittelalters von den Universitäten und Lehrstühlen langsam verdrängt wurde, da man sich verstärkt auf die reinen, griechischen Quellen stützen wollte.[104] Bis zum 16. Jahrhundert war Avicennas Meisterwerk der medizinische Klassiker schlechthin, sodass dessen Übersetzungen wohl auch maßgeblich zum medizinischen Wissenstransfer von Orient zu Okzident beigetragen haben. Neben dem persischen Arzt begegnet uns in der Literatur häufig ein weiterer prominenter Arzt: Maimonides, „die faszinierendste Gestalt des Judentums seit der talmudischen Ära"[105].

---

[99] Strohmaier, Gotthard: Avicenna. München 2006, S. 114f.
[100] Ebd.
[101] Jankrift: Heilkunde, S. 19.
[102] Geht auch davon aus, dass diese meisterliche Übersetzung des Kanons generell das erste wissenschaftliche Werk auf Hebräisch darstellt: Strohmaier: Avicenna, S. 137.
[103] Shatzmiller: Jews Medicine, S. 48.
[104] Strohmaier: Avicenna, S. 154.
[105] Barnavi, Stern: Universal Geschichte, S. 102.

3.3. Maimonides

Moses ben Maimon ‚Maimonides' wurde 1135 n. Chr. in Cordoba geboren und entstammte einer sephardisch-jüdischen Familie. Der Philosoph und Arzt verfasste zahlreiche hebräische Werke, deren Inhalt größtenteils von Religion, Naturphilosophie und Ethik geprägt ist. Seine Kommentierung und spätere hebräische Übersetzung der *Mischna* verhalf ihn zu einer machtvollen religiösen Autoritätsstellung innerhalb der jüdischen Diaspora. Nach der Eroberung Spaniens durch die Almohaden und deren militanter Konversionszwang floh Maimonides früh zunächst in das marokkanische Fez und anschließend nach Kairo, wo er auch 1205 n. Chr. starb. Zeitweilig stellt Maimonides sogar den *Nagid*, das geistliche Oberhaupt der Juden in Ägypten.[106] Neben seiner großen Bedeutung als zentrale Gestalt der jüdischen Religion und Philosophie war Maimonides auch Arzt. Somit kann anhand von Maimonides ein wesentlicher Aspekt des kommenden Kapitels vorausgenommen werden: Die medizinische Ausbildung von jüdischen Ärzten. Ferner erhalten wir einen kleinen Einblick in die Ärzteausbildung im islamischen Machtbereich. Gerade als geistliche Autorität übte Moses ben Maimon großen Einfluss auf Gelehrte bzw. Rabbis und somit auch auf Mediziner aus. Allgemein gilt er als eine der einflussreichsten und schillerndsten Gestalten der jüdischen Geschichte.[107] Ein ganz wesentlicher Aspekt ist die Tatsache, dass Maimonides das Wesen und den Auftrag der Medizin eng mit dem Glauben verknüpft sah. So markiert er in seinen Schriften das Studium und die Praxis der Medizin als eine vorrangig religiöse Aktivität.[108] Diese Vorstellung steht auch im Einklang mit dem oben geschilderten Selbstverständnis jüdischer Ärzte und mit ebenjener Vorstellung, dass die Tätigkeiten von Ärzten sich mit denen der Priester decken und der Arzt stets das Heilwerkzeug Gottes darstellt. Maimonides definierte aber ärztliches Handeln nicht nur als Bestandteil seiner Religion, sondern forderte umgekehrt in seinen Thora-Kommentaren Rabbiner auch dazu auf, sich im Rahmen des Thora-Studiums intensiver mit Medizin zu beschäftigen, denn dies „mache demütig, gottesfürchtig und sozial gesinnt."[109]

---

[106] Vgl. Ebd. und Ackermann, Hermann: Moses Maimonides (1135-1204): Ärztliche Tätigkeit und medizinische Schriften. In: Sudhoffs Archiv, Bd. 70/1 (1986), S. 44-63, hier: S. 44f.
[107] Vgl. auch die dargestellte Biographie von Maimonides, manchmal auch ‚Rambam' genannt, in der Encyclopedia Judaica: Rabinowitz, Louis Isaac u.a.: „Maimonides, Moses". EJ², Bd. 13, S. 381-397.
[108] Berger: Judaic Perspective, S. 127f.
[109] Zit. nach Ackermann: Maimonides, S. 47.

Abb. 9: Abschrift der *Misnhe Tora* des Maimonides. Mitte 15. Jahrhundert, Cod. Rossian. 498, fol. 13v., Apostolische Bibliothek in Vatikanstadt.

Neben der Medizin war die Astronomie einer der Meisterdisziplinen des Maimonides. Häufig waren Ärzte nicht bloß Mediziner, sondern auch Wissenschaftler und somit häufig astronomisch bewandert. Erkennbar sind hier Messwerkzeuge wie Zirkel oder Tafeln für Himmelsberechnungen.

Umstrittener gestaltet sich jedoch Maimonides medizinische Ausbildung selbst. Während die ältere Forschung, so z.B. Samuel Krauss, davon ausgeht, dass der sephardische in Nordafrika lebende Jude sich die Medizinkunst angeeignet und den arabischen Philosoph *Ibn Baga* zu seinem Lehrer auserkoren hatte, stuft Ackermann die jüngsten Forschungen zu Maimonides Arztausbildung als ziemlich unsicher ein.[110] Stimmig ist auf jeden Fall die Annahme, dass Maimonides schon früh Einblicke in die Medizinwissenschaft in Spanien erhielt und viele Kontakte zu arabischen Ärzten herstellte. Zudem beschäftigte er sich intensiv mit medizinischer Fachliteratur, obschon angemerkt werden muss, dass Maimonides offenbar dem Griechischen nicht mächtig war und somit auf Übersetzungen der Werke Hippokrates' und Galens zurückgreifen musste. Übrigens wurden auch die Lehren des eben beschriebenen Avicennas von ihm zitiert, sodass man von einem nicht unerheblichen Einfluss Ibn Sīnās ausgehen dürfte, auch wenn Moses ben Maimon ihn sicher stets kritisch betrachtete.[111]

Ähnlich differenziert sollte Maimonides Aufenthalt am Hofe Saladins betrachtet werden. Während ältere Berichte von einer Tätigkeit als Saladins Leibarzt ausgehen, so wurde diese Annahme jüngst revidiert. Ob Maimonides Saladin so nahe stand bleibt zweifelhaft, dennoch war er ab 1170 n. Chr. definitiv an dessen Hof als Arzt tätig und fungierte auf jeden Fall als Leibarzt von zwei engen Vertrauten Saladins, seines Sohns Al-Afdal Nūr al-Dīn und seines

---

[110] Vgl. Ebd., S. 45 und Krauss: Jüdische Ärzte, S. 13.
[111] Ackermann: Maimonides, S. 46. Vgl. auch Pines u. Suler: Avicenna, S. 728.

Wesirs Ibn Alī al-Baisānī.[112] Als vollkommen überholt gilt mittlerweile auch die abenteuerliche Behauptung, Kreuzfahrer Richard Löwenherz von England hätte Maimonides in ärztlichen Belangen konsultieren bzw. ihn als Hofarzt sogar abwerben wollen.[113] Nach Einsicht der von Maimonides hinterlassenen Schriften drängt sich zudem der Verdacht auf, dass dieser nicht zwingend die Ambition hatte, Arzt zu werden, sondern schlichtweg einen großen Wissensdurst verspürte, was auch mit seinen bereits beschriebenen religiösen Motiven harmoniert haben dürfte. Erst der Tod seines Bruders David veranlasste ihn nämlich dazu, als Arzt gegen Bezahlung zu arbeiten. Dennoch ist gerade die Art und Weise, wie Maimonides zu so viel Medizinwissen gelangte, für unser Thema von großer Bedeutung, da das Medizinstudium im muslimischen Kulturbereich erstaunlich ähnlich dem der Juden im christlichen Europa war, zumal sowohl Muslime als auch Juden der Zugang zu christlichen Universitäten verwehrt blieb.

Auch Maimonides besuchte nie eine Universität oder eine Medizinschule und doch wurde er einer der berühmtesten Ärzte des Mittelalters. Der Schlüssel zu diesen facettenreichen Kenntnissen muss folglich in frühen Kontakten zu erfahrenen Ärzten liegen, ergänzt durch theoretische Bildung in Form gängiger Medizinschriften. Und tatsächlich: In den arabischen Ländern war es üblich, dass ein Schüler der Medizin sich einen erfahrenen Arzt als Lehrmeister nahm und ihm bei seinem Handeln über die Schulter blickte. Der Schüler partizipierte so an der vom Lehrer angestellten Diagnose und Therapie, ergänzt von einem regen Austausch mit dem kommentierenden Lehrer, der Informationen zu medizinischer Theorie und Praxis vermittelte. Vertieft wurde die Ausbildung durch das regelmäßige Selbststudium mit Fachliteratur.[114]

Gleichwohl genoss Maimonides sicher die Privilegien eines Angehörigen des Hofes und hatte damit Zugang zu der notwendigen Literatur. Allan Berger beschreibt ihn als Arzt, Philosophen und Theologen, für den die Heilkunst nichts anderes darstellte als die Wiederherstellung eines geplagten Körpers und die Reinigung des Geistes.[115] Maimonides dient uns nicht nur als glaubhaftes Abbild eines jüdischen Ärzte-Ideals, seine Ausbildung ist zudem ein Paradebeispiel was das Tradieren und Lehren von Medizinwissen unter mittelalterlichen Juden betrifft.

---

[112] Vgl. Ebd., S. 45 und Krauss: Jüdische Ärzte, S. 13, wobei bei Krauss der Sohn Saladins *Al-Afdal* ‚Alafdhal' genannt wird und der Wesir gar nicht erwähnt wird. Jedoch geht Krauss im Gegensatz zu Ackermann fest davon aus, dass Maimonides Saladin bis zu seinem Tod 1193 n. Chr. als Leibarzt betreute und erst anschließend seinen Sohn. Vgl. auch Barnavi, Stern: Universal Geschichte, S. 102, wo der Wesir den Namen *Al-Fadil* trägt und somit nicht deckungsgleich mit der Aussage Ackermanns ist.
[113] Ackermann: Maimonides, S. 48
[114] Ebd., S. 46.
[115] Berger: Judaic Perspective, S. 128f.

4. Jüdische Ärzte im christlichen Mittelalter

Fassen wir das bisherige dargestellte kurz zusammen: Das mittelalterliche Medizinwesen basierte weitestgehend auf den Erkenntnissen der antiken Medizin, repräsentiert durch die Schriften des Hippokrates und Galens. Dieses Wissen wurde zunächst durch die Klosterschulen, später durch Universitäten und Medizinschulen konserviert und weitervermittelt. Eine Verknüpfung der christlich-scholastisch geprägten Heilkunde des Okzidents und der sogenannten „arabischen" Medizin des Orients fand durch die regen Bemühungen von Übersetzern statt. Von einer eigens jüdischen Medizin zu sprechen wäre falsch, da die Forschung eindeutig belegt, dass die gesamte hebräische Medizinliteratur erst sukzessive abgefasst und erschaffen wurde. Aufgrund von Wanderbewegungen innerhalb der jüdischen Diaspora vollzog sich ein permanenter Austausch von Wissen und Kultur. Dadurch etablierten sich jüdische Übersetzer und verhalfen der mittelalterlichen Medizinliteratur zu einem ungeahnten Aufschwung, indem spätestens um 1400 n. Chr. die wichtigsten Werke nicht nur ins Hebräische, sondern auch ins Lateinische übersetzt worden waren. Nichtsdestotrotz war Juden der Zugang zu den mittelalterlichen Bildungsstätten in der Regel verboten, sodass schlussendlich die Frage aufgeworfen wird, inwiefern sich jüdische Ärzte dieses Wissen aneignen und weitervermitteln konnten.

Diese Frage ist insofern wichtig zu beantworten, als in der Forschung durchweg gelesen werden kann, welch bemerkenswerter Ruf jüdischen Ärzten vorauseilte: Sie waren nicht nur bei der christlich-mittelalterlichen Gesellschaft beliebt, sondern wurden auch regelmäßig von Städten, Fürsten und sogar dem Klerus in Dienst gestellt, was zunächst paradox erscheint angesichts ihrer schwierigen Ausgangslage als Feinde der Christenheit.[116] Wie im vorherigen Kapitel an Maimonides beschrieben, verkörperte ein jüdischer Arzt zudem häufig eine gelungene Kombination aus Wissenschaft und Philosophie. Efron hält fest, dass bizarrer Weise gerade die Fremdheit und Alterität jüdischer Ärzten und ihrer Behandlungsmethoden ausschlaggebend für deren hohe Nachfrage war.[117] Wie gelang es jüdischen Ärzten also, ihr Wissen anzureichern bzw. zu vertiefen, praktische Erfahrung zu sammeln und sich so begehrt zu machen?

---

[116] Toch: Geldverleiher, S. 122.
[117] Efron: German Jews, S. 21.

4.1. Ausbildung und Wissensvermittlung

Joseph Shatzmiller hat mit seinen Beiträgen die neuesten Ergebnisse der Forschung zusammengetragen und versucht, eine stereotype Vorstellung davon zu vermitteln, wie die Ausbildung von jüdischen Ärzten in etwa ausgesehen haben könnte. Aufgrund seines erkenntnisreichen und umfassend zusammengetragenen Materials, stellt Shatzmiller daher die anerkannte Argumentationsbasis der modernen Forschung für diesen Abschnitt dar. Grundsätzlich im Vorteil bezüglich der Aneignung vom medizinischen Wissen, wie die ältere Forschung behauptet, waren jüdische Ärzte nämlich garantiert nicht.[118]

Wie bereits angeschnitten, stand der jüdische irreguläre Bildungsweg einer christlichen scholastisch-regulierten Variante gegenüber. Dabei wären die Voraussetzungen für ein reguläres Medizinstudium günstig gewesen: Im Spätmittelalter war der wichtigste Teil der medizinischen Fachliteratur bereits übersetzt und somit für den gesamten Okzident zugänglich. Die christlichen Länder konnten nach der Säkularisierung der Medizin bessere Voraussetzungen schaffen, sodass der einstige Vorsprung an medizinischen Wissen und Personal in den islamischen Territorien reduziert werden konnte. Es existierte also eine ganze Bandbreite an medizinischen Wissen, Personal und Bildungsstätten und dennoch blieb es Juden durch das Universitätsverbot verwehrt zu studieren.

Eine Hypothese, die innerhalb der Forschung Anklang fand, war daher die Annahme, dass es speziell für Juden eine eigene Art von Bildungsstätte gegeben haben musste. Mit Rückbezug auf unsere Überlegungen bezüglich der Kopplung von Religion und Wissenschaft wäre es somit plausibel, hinter Rabbiner neben Priester auch Dozenten zu vermuten, da nach der jüdisch-mittelalterlichen Vorstellung ein Arzt ebenso einen Geistlichen darzustellen habe.[119] Daraus zog man den Schluss, dass in den jüdischen Talmudschulen, wie z.B. in den hohen Schulen Babyloniens unter der Führung eines *Gaons*, die Möglichkeit gewährt wurde, eine medizinische Ausbildung zu beginnen. In der Tat gibt es sogar einen Bericht von einem Rabbiner aus Saragossa, Gallouf Yeshu'ah, der neben der Talmudlehre auch Physik, Astronomie und Medizin lehrte. So wäre es also grundsätzlich denkbar, dass auch vereinzelt an einer *Yeshivot*[120] die Möglichkeit gewährt wurde, sich medizinischen Studien zu widmen. Shatzmiller lenkt jedoch ein, dass diese Belege derzeit noch geprüft werden und man daher

---

[118] Vgl. Krauss: Jüdische Ärzte, S. 43.
[119] Berger: Judaic Perspective, S. 127f.
[120] Die *Yeshiva* (sing. *Yeshivot*) waren jüdische Akademien, an denen vorrangig Talmud-Studien betrieben wurden. Sie waren anfangs auf Initiative der Geonim hin in den muslimischen Ländern entstanden, beispielsweise in Sura, Babylonien. Breuer, Mordechai u.a.: „Yeshivot", EJ², Bd. 21,S. 315-321.

nicht von einer Regelerscheinung ausgehen sollte.[121] Für gewöhnlich stand das Konzept der Privatausbildung im Vordergrund: „Private education thus emerges as the most common method of training Jewish doctors."[122]

An dieser Stelle muss betont werden, dass die folgenden angeführten Aussagen und Thesen die ärztliche Ausbildung betreffend im Wesentlichen auf Erkenntnisse beruhen, die anhand von spektakulären Quellenauswertungen im Raum Spanien und Italien gewonnen wurden. Durch die Arbeit der Gebrüder Lagumina für Sizilien[123], Luis García-Ballester und seiner Kollegen für Valencia[124], Spanien sowie Shlomo Simonsohn für Italien, kann die Ausbildung und vor allem das Lizensierungsverfahren glaubhaft rekonstruiert werden. Gerade Simonsohn wird im späteren Teil der Arbeit für den italienischen Raum sowie das Patrimonium Petri einen unverzichtbaren Beitrag für die Quellenarbeit leisten.[125] Für den deutschsprachigen Raum kommt Efron leider zu dem ernüchternden Resümee, dass verhältnismäßig wenig Quellenmaterial vorliegt. Als Grund hierfür nennt er das generell schlecht ausgeprägte Bildungs- und Medizinwesen im deutschen Reichsgebiet, das von Resteuropa bildungstechnisch grundsätzlich in den Schatten gestellt wurde, wie wir bereits erfuhren. Dennoch unterscheiden sich die Juden in Aschkenas hinsichtlich ihrer Ausbildung und Berufspraxis nur wenig von ihren sephardischen und italienischen Kollegen, schließlich waren auch deutsche Juden gern als Leibärzte zu Hof gesehen.[126] Auch sie mussten sicherlich Prüfungen ablegen und auch wenn die Regularien ausgehend von Südeuropa ihren Weg durch das Reich erst finden mussten, so war mit großer Sicherheit auch eine Lizenz oder eine andere Art von Authentifizierung für examinierte Ärzte notwendig.

---

[121] Shatzmiller: Jews Medicine, S. 22f.
[122] Ebd., S. 25.
[123] Erwähnt in Ebd., S. 15f.
[124] García-Ballester u.a.: Licensing.
[125] Auch zu erwähnen hier ist Simonsohns Kommentarband, der vor allem für die wichtige Rolle Siziliens versucht, die Quellen in einen historischen Kontext einzubetten: Somonsohn, Shlomo: Between Scylla and Charybdis. The Jews Sicily. Leiden 2011.
[126] Efron: German Jews, S. 34 und 36.

4.1.1. Ärzte

Sehr ähnlich wie wir es anhand von Maimonides im islamischen Machtbereich gesehen haben, suchte sich der angehende Medizinschüler für gewöhnlich einen geeigneten Lehrmeister. Dieses Schüler-Lehrer-Verhältnis wurde mit einem Vertrag reglementiert, wobei die Dauer des Vertrages bzw. die Lehrzeit unterschiedlich sein konnte, meist waren es etwa zwei Jahre. Der Schüler bot dem Lehrer, der selbst ein erfahrener Arzt war und die zum Praktizieren nötige Lizenz besaß, eine Bezahlung an, die in Form von Geld oder Büchern abgeleistet werden konnte.[127] Hier wird nochmal deutlich, was für einen hohen Stellenwert hebräische Literatur einnahm und wie netzwerkartige Verhältnisse den Austausch von literarisiertem Wissen begünstigten. Auch Efron bekräftigt, dass dieser irreguläre Weg des Privatunterrichts wohl schlicht aus dem allgegenwärtigen Universitätsverbot resultierte, wobei medizinische Abhandlungen trotz des Lehrverhältnisses die Hauptquelle des theoretischen Wissens für jüdische Ärzte darstellen.[128] Jedoch war die Privatausbildung für Juden in jeder Hinsicht elementar, da durch dieses Meister-Lehrling-Verhältnis praktische Erfahrung quantitativ und qualitativ viel hochwertiger waren als die, welche sich z.B. Christen im Rahmen ihres regulären Medizinstudiums aneigneten. Vorstellbar ist aber, dass die Ausbildung nicht selten von hebräischer Fachliteratur begleitet wurde.

Abb. 10: Einseitig beschriebenes Pergament, Fragment in insgesamt vier Teilen, Inv.-Nr. HAStK Best. 7010 Nr. 332 IV, Historisches Archiv der Stadt Kön.

So in etwa könnten ausbildungsrelevante Notizen für Ärzte aus Aschkenas ausgesehen haben, ein Traktat über den Aderlass aus dem späten 14. Jahrhundert. Der Text ist in hebräischer Schrift gehalten, beinhaltet jedoch deutsche Wörter und jiddische Ausdrücke. Alles Wissenswerte über den Aderlass ist hier festgehalten:

Die wichtigsten Aderkreise und Behandlungsmöglichkeiten, Monats- und Tierkreisnamen in Deutsch, Hebräisch und Latein.

---

[127] Ebd., S. 23.
[128] Efron: German Jews, S. 16.

So erfahren wir in einem Dokument aus Avignon im Jahre 1466 von dem Juden Mordecassius Astruc Abraham, der eine chirurgische Privatausbildung bei einem Meisterarzt anstrebte. Zu diesem Zweck ließ er sich im Haus von Meister Jakob Leon de Cavallion für zwei Jahre nieder. Gegen einen Lohn von 25 Florinen versicherte ihm Meister Jakob, ihn die Kunst der Chirurgie zu lehren und somit den Erwerb der *licentia practicandi* zu ermöglichen. Dem Meister wurden 15 Florinen vorausgezahlt, woraufhin die übrigen zehn entrichtet wurden, sobald der Schüler die Prüfung bestanden und die Lizenz erhalten hatte. Zudem wurde dem Schüler durch den Vertrag in Aussicht gestellt, in Kooperation mit Meister Jakob in Avignon gegen ein Entgelt von 10 Florinen jährlich fortan praktizieren zu dürfen.[129] Die letzte Vertragskondition, die zunächst als Geldgier Meister Jakobs ausgelegt werden könnte, lag sehr wahrscheinlich in besonders großem Interesse des jungen Ärztelehrlings: Nach der eigentlichen Ausbildung konnte er auf kollegialer Basis weitere wertvolle Erfahrungen für seinen Beruf sammeln.

Einen jüdischen Lehrling in Medizin auszubilden musste aber nicht zwingend mit ökonomischen Zielen bzw. Ambitionen verbunden sein. Wir lesen auch von Heiratsverträgen, wo im Rahmen der Hochzeit z.B. der Vater der Tochter sich verpflichtet, dem künftigen Schwiegersohn für einen begrenzten Zeitraum sein ganzes medizinisches Wissen bereitzustellen. Möglich war auch, dass die Familie für die Ausbildungskosten aufkam oder gar der Vater selbst seine Söhne unterrichtete. Dies hatte zur Folge, dass regelrechte Ärzte-Dynastien entstanden, die ihr Wissen in jeder Generation weitervermittelten.[130] Während der älteren Forschung bekannt war, dass Medizin häufig innerhalb von Dynastien weitertradiert wurde und z.B. Maimonides als Paradebeispiel zitiert wird, so finden wir dort keine Überlegungen, wie genau eine Ausbildung ausgesehen haben könnte.[131]

---

[129] Shatzmiller, Joseph: On becoming a jewish doctor in the High Middle Ages. In: Sefarad, Bd. 43/2. Madrid 1983, S. 239-250, hier: S. 246.
[130] Efron: German Jews, S. 16,
[131] „Maimuni", wie Krauss ihn gerne nennt, sei ferner der „Höhepunkt der jüdisch-arabischen Zivilisation" gewesen. Ansonsten wird ein Schwerpunkt auf den jüdischen Einfluss in Montpellier gelegt, was aber aus heutiger Sicht heraus nicht das Fundament der medizinischen Bildung von Juden gesehen werden kann. Krauss: Jüdische Ärzte, S. 14.

4.1.2. Chirurgen

Es empfiehlt sich, zwischen *chirurgicus* und *medicus* eine Unterscheidung anzustreben, da offensichtlich auch im Mittelalter zwischen dem theoretisch gebildeten Mediziner und dem praktisch orientierten Chirurgen differenziert wurde. Wie wir erkannt haben, war die Chirurgie nicht nur eine Schattendisziplin der Universitäten, sie wurden auch häufig mit dem Bader-Handwerk gleichgesetzt, sodass Chirurgen allein von der Titulatur nicht zwingend mit Ärzten gleichgestellt waren.[132]

So wurden auch gerne Bader, Hebammen und Zahnreißer insgesamt als Handwerkschirurgen bezeichnet, was die Schwerpunktverlagerung auf die praktische, handwerklich anmutende Tätigkeit noch einmal betont.[133] Die eindeutige Differenzierung zwischen Arzt, Wundarzt bzw. Chirurgen und Bader bereitet aber leider Schwierigkeiten. Mancherorts scheint man durchaus zwischen Bader und Chirurgen bzw. Wundarzt differenziert zu haben, wie in Aragon im 15. Jahrhundert, wo Bader auf eine öffentliche Genehmigung angewiesen waren, um als Chirurgen tätig sein zu dürfen.[134]

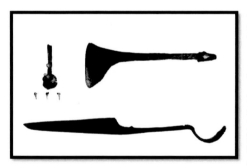

Abb. 11: Abgebildet sind medizinische Instrumente, vermutlich die des „Chirurgen von der Weser".

Seminar für Ur- und Frühgeschichte der Universität Göttingen.

Die Werkzeuge wurden bei der Reichsabtei Corvey an der Weser ausgegraben und waren die Instrumente eines Chirurgen aus dem 13. Jahrhundert. Zu sehen sind hier u.a. oben ein Schabeisen aus Eisen/Stahl sowie unten die Hälfte einer eisernen Bügelschere.

Dennoch mussten auch Chirurgen ihr Handwerk erlernen und sich anschließend einer Prüfung unterstellen bzw. eine Lizenz erwerben. Im Unterschied zum Mediziner im eigentlichen Sinne, dürfte der Chirurg seine Ausbildung viel praxisbezogener gestaltet haben. Daher sollten Mitarbeit in einem Feldlazarett oder die Teilnahme an einem Feldzug selbst ein nicht zu unterschätzender Wissenszuwachs bedeutet haben, sodass der Nutzen aus militärischen

---

[132] Vgl. Jankrift: Gott und Magie, S. 49. und Metzger, Mendel und Thèrése: Jüdisches Leben im Mittelalter. Nach illuminierten hebräischen Handschriften vom 13. Bis 16. Jahrhundert. Fribourg 1983, S. 177.
[133] Leven: Geschichte der Medizin, S. 32.
[134] Hier wird auch näher ein gewisser Bader Juan Martinez de Burgos erwähnt, der u.a. durch die Kirche die offizielle Genehmigung erhielt, ohne entsprechende Ausbildung als Chirurg zu fungieren: Ebd., S. 76f.

Aktivitäten keinesfalls vernachlässigt werden sollte. So berichten Quellen aus dem spanischen Murcia beispielsweise von einem Yucaf Axaques, der als guter Chirurg bekannt war und einen hervorragenden Ruf sowohl bei Juden als auch bei Christen genoss. Er stand mindestens 25 Jahre zu Beginn des 15. Jahrhunderts in den Diensten Murcias und war als Feldarzt bei einer militärischen Expedition in das muslimische Granada beteiligt. Dort unterstützte er den Sturm auf Vera und machte sich durch seine leidenschaftliche Hingabe beim Lazarettdienst einen Namen. Anscheinend war der Stadtrat von Murcia so begeistert von Yucafs Taten, dass er an der Kriegsbeute beteiligt und mit 1000 Maravedinen (Währung von Murcia) belohnt wurde.[135]

4.1.3. Lizenzerwerb

Wie wir es bei dem Schüler Mordecassius gesehen haben, half jedoch die beste medizinische Ausbildung nicht viel, wenn der nötige Abschluss nicht erlangt wurde. Durch die Bestimmungen des Laterankonzils im Jahre 1215 und durch die Reglementierungen beginnend in Südeuropa waren der Lizenzerwerb und das damit verbundene Bestehen der Examensprüfung von außerordentlicher Wichtigkeit für einen angehenden Arzt.[136] Wie könnte nun ein jüdischer Heilkundiger, sei es *medicus* oder *chirurgicus*, im Spätmittelalter an so eine Lizenz gelangt sein?

Ein spätmittelalterlicher Arzt hatte das große Problem, dass er ohne die *licentia practicandi* gemeinhin als Scharlatan oder als Stümper verschrien wurde. Wir erfahren auch z.B. in einem Statut von König Karl II. von Neapel bezüglich des Lizensierungsverfahrens in der Provence: „We forbid anyone, of whatever condition or status he be, to dare practice medicine or surgery, unless his expertise and fitness in the area are beforehand established."[137] Die herrschaftliche Autorität stellte also konsequente Forderungen und verhing Geldbußen beim Praktizieren ohne Lizenz. Hier wurde übrigens kein Unterschied zwischen Juden und Christen

---

[135] Torres Fontes, Juan u.a. (Hrsg.): De Historia Medica Murciana. (= Miscelánea Medieval Murciana, Bd. 1) Murcia 1980, S. 51f.
[136] Shatzmiller: Jewish Doctor, S. 239.
[137] Ebd., S. 240. Interessant zu sehen ist hierbei auch, dass in der Tat offensichtlich zwischen Arzt und Chirurgen ausdrücklich unterschieden wurde. Dies bestätigt den allgemeinen Forschungskonsens, dass Chirurgie wohl eher als eine Art Handwerk gesehen und von der Medizin separiert wurde.

gemacht. Der Jude Faron wurde in Valencia um 1400 n. Chr. zum Beispiel aufgefordert, eine Buße von 1,5 Florinen zu entrichten, „*por usar la medicina sin licencia*"[138].

Das Ende der Ausbildung, ganz gleich wie sie ausgesehen haben mag, markierte die Prüfung des erlernten Wissens. In der Regel stand ein Protomedicus dem Prüfungsausschuss vor und man achtete offensichtlich darauf, dass jüdische Kandidaten auch von jüdischen Prüfern examiniert wurden. Auch wenn die Masse natürlich christliche Absolventen darstellten, so verrät uns dies doch ein interessantes Detail: Juden examinierten nicht nur in Medizin, nein sie wurden auch als Prüfer herangezogen.[139]

Ganz gleich wie die Ausbildung des Kandidaten aussah, die Prüfungen verliefen sicher alle nach einem ähnlichen Muster und der Prüfling musste sein erworbenes Wissen unter Beweis stellen. Blicken wir hierzu nach Arles im Jahre 1402, wo der Schüler Salomon Avigdor seine Lizenz erwarb. Geprüft wurde der angehende Arzt von einem Gremium aus vier Prüfern, von denen zumindest einer – wie es meist verlangt wurde – ein Christ war. Die Prüfung war einem heutigen Colloquium gar nicht so unähnlich: Nach einem Einleitungsreferendum des Prüflings musste dieser sein Wissen im Rahmen einer Lehrer-Schüler-Diskussion den Prüfern unter Beweis stellen, indem er seine eigenen Standpunkte verteidigen musste sowie seine Thesen und Argumente mit ausgewählten Textstellen aus renommierter Medizinliteratur wie z.B. Avicennas Kanon der Medizin untermauern. Schlussendlich erfolgte dann nach bestandener Prüfung die Lizenzvergabe durch eine königliche Vertretung vor Ort.[140] War die herrschende Autorität einst auch verantwortlich für den Bürokratisierungsprozess des Medizinwesens, so blieb sie auch wesentlich bei der Aufrechterhaltung dieses Systems beteiligt. Von Valencia erfahren wir, dass nicht etwa der *examinador* – der Prüfer – die Lizenz erteilte: „in every case it was granted by the king."[141]

Bleiben wir in Spanien und bewegen uns Richtung Aragon des Jahres 1382, wo innerhalb eines Medizinexamens nicht nur Fragen bezüglich Medizin zu beantworten waren, „*sed etiam in metafisica, in naturis et in aliqua parte astrologie*"[142], also unter anderem auch die Metaphysik und die Astrologie geprüft wurde. Daraus lässt sich schlussfolgern, dass sich angehende Mediziner auch anderen Naturwissenschaften widmeten und so u.a. auch den großen Maimonides nacheiferten, der nebst Medizin auch Abhandlungen zur Astronomie verfasste.

---

[138] Ebd., S. 241.
[139] Shatzmiller: Jews Medicine, S. 17f.
[140] Shatzmiller: Jewish Doctor, S. 242.
[141] García-Ballester: Licensing, S. 31,
[142] Shatzmiller: Jewish Doctor, S. 242.

In unserem Fall konnte die Lizenz nur dann erteilt werden, wenn der Prüfling entsprechende Parallelkenntnisse in Astrologie vorweisen konnte.[143] In der Tat wurden sehr häufig körperliche Leiden und Behandlungsmöglichkeiten anhand von Tierkreis- und/oder Sternzeichen ermessen und ausgelotet. Ein Beleg hierfür sind die uns überlieferten Zeichnungen von sogenannten Aderlassmännchen, deren einzelne Körperregionen zusammen mit bestimmten Sternzeichen dargestellt wurden.

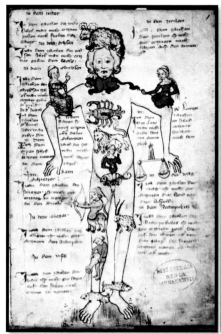
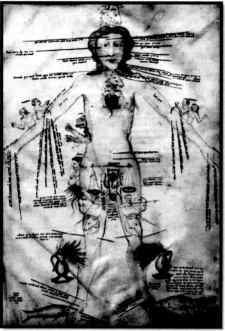

Abb. 12:
Etwa 1370 n. Chr., deutschsprachiger Raum.
Cgm. 32, fol. 1r.
Bayerische Staatsbibliothek, München

Abb. 13:
Um 1440/50 n. Chr., Norditalien.
Inv.-Nr. Hébreu 1181.
Nationalbibliothek Frankreich, Paris

Auf beiden Abbildungen ist ein sogenannter „Zodiak-Mensch" oder „Aderlass-Männchen" zu erkennen. Nach den Regularien Friedrichs II. wurde neben Logik und Metaphysik auch Astrologie zu einem Nebenfach der Medizin, was auch examensrelevant sein konnte. Deutlich zu erkennen ist hierbei die Verknüpfung von anatomischen und astrologischen Komponenten: Bestimmte Körperregionen wurden bewusst den Einflussbereichen von Tierkreis- bzw. Sternzeichen zugeordnet, wie z.B. die Füße den Fischen, die Oberschenkel den Schützen oder die Ellen den Zwillingen. Während die linke Zeichnung durch deutsche Kommentare ergänzt wurde, so lesen wir bei der rechten Anfertigung italienische Wörter in hebräischen Lettern. Trotz der Tatsache, dass der Zodiak-Mensch eine beliebte und verbreitete Methode im Mittelalter war, anatomische Zusammenhänge zu deuten, ist die rechte Abbildung das einzig bekannte hebräische Beispiel.

---

[143] Ebd.

Sobald eine Lizenz erteilt wurde, musste sie noch autorisiert und registriert werden, meist von der Behörde der Region oder der Stadt, wo der Arzt zu praktizieren ersuchte. Es bestand offensichtlich auch die Möglichkeit, eine Lizenz, die der Arzt in einer anderen Stadt oder gar einem anderen Land erworben hatte, nachträglich beglaubigen zu lassen. Allgemein mutmaßt Shatzmiller, dass der Arztberuf aufgrund der Bürokratisierung anfangs wohl sehr viel Papierkram mit sich brachte. Was für die Ärzte im Spätmittelalter sicher sehr mühsam erachtet wurde, stellt sich heute für Historiker als bedeutsames Quellenmaterial heraus, obschon die Lizenzen leider nicht angeben, wie und woher jüdische Ärzte ihr Wissen konkret erlangten, da nebst Bestätigung des Prüfungserfolg meist nur die Namen von Prüfer und Prüfling sowie die Lizenzeinschränkung – wie z.B. ausschließlich für Augenheilkunde – eingetragen wurden.[144] Eins steht jedenfalls fest: Jüdische Ärzte brachten, woher auch immer, außerordentliches Wissen mit und waren eine ernstzunehmende Konkurrenz.

Auffallend ist vor allem, dass die jüdischen Prüflinge meist über verhältnismäßig wenig Theorie-Wissen und kaum Latein-Kenntnisse verfügten.[145] Dafür waren sie äußerst praxiserfahren und sparten sich wahrscheinlich die Kosten und Mühen eines regulären Medizinstudienganges an einer europäischen Universität. Selbstverständlich konnte ein Prüfling auch das Examen nicht bestehen und durchfallen, da natürlich auch Dilettanten als Kandidaten die Prüfung antreten konnten. So amüsieren wir uns über die Tatsache, dass sich offenbar auch Analphabeten und augenscheinliche „Idioten" zur Prüfung anmeldeten, wie etwa ein Bericht der Prüfungskommission bezüglich eines italienischen Chirurgen mitteilt: *„peritus in arte cirugie tamquam illieterata et ydiota"*.[146]

4.2. Der jüdische Arzt – Experte und Kosmopolit

Nach dem erfolgreichen Bestehen der Prüfung und dem Lizenzerwerb suchte sich ein examinierter Arzt normalerweise eine Stadt oder eine Region, wo er praktizieren wollte. Grundsätzlich führten examinierte Ärzte mit einem Universitätsstudium einen akademischen Grad wie *magister* oder *bacellarius* und waren somit höher gestellt als ihre jüdischen Kollegen, die eine gewöhnliche Lizenz erhalten bzw. eine irreguläre Ausbildung genossen hatten und daher meist schlicht *medicus*, *phisicus* oder *chirurgius* hießen. Da sich diese Degradierung durchaus

---

[144] Ebd., S. 242-244.
[145] Ebd., S. 244.
[146] Vgl. Ebd. und Ders.: Jews Medicine, S. 19.

auch auf den Lohn auswirken konnte, versuchten auch im 15. Jahrhundert noch viele Juden, trotz des Verbots ein Medizinstudium an der Universität nachzuholen, um einen besseren Titel bzw. einen akademischen Grad zu erlangen.[147]

Blättert man durch die zahlreichen Forschungsbeiträge kommt man rasch zu dem Schluss, dass sich jüdische Ärzte schlichtweg überall finden lassen, natürlich in Unterzahl im Gegensatz zu ihren christlichen Rivalen. Auch in der spätmittelalterlichen Zeit, die von Vertreibung der Juden überall in Europa gezeichnet ist, hielten vielerorts gerade die jüdischen Ärzte ihren Ruf aufrecht. Der Kern dieses hervorragenden Rufes lag schlussendlich in der gut funktionierenden Privatausbildung und dem häufigen Kontakt mit Glaubensbrüdern und Christen. So betont auch Haverkamp, dass diese, aus dem Universitätsverbot resultierende, einzigartige Tradierung von antikem Wissen dazu führte, dass jüdische Ärzte schon früh zwischen beiden Religionen agieren und enge Kontakte zu Christen pflegen konnten. Wie wir sehen werden, wurden auch Juden zu Hofe häufig mit Privilegien und Sonderrechten belohnt.[148]

Peter Assion stellt hier jedoch die These auf, dass jüdische Ärzte sich zwar untereinander ausbildeten, sich aber immer der christlichen Gesellschaft und Umwelt anpassen mussten. Man dürfe sie ferner keinesfalls auf eine Talmud-Medizin reduzieren und es solle berücksichtigt werden, dass zwischen Juden und Christen trotz Separation in Form von Judenvierteln und Ghettos ein sozio-kultureller Austausch stattfinden konnte.[149] So oder so wurde dem jüdischen Arzt der Status eines Kosmopoliten zuteil, da er aufgrund des guten Rufes jüdischer Ärzte gerne überall von Stadt und Obrigkeit herangezogen bzw. für eine Festanstellung rekrutiert wurde. Die hohe Nachfrage ging sogar so weit, dass auch in sehr dünn besiedelten Gebieten jüdische Ärzte aufzufinden waren. Toch hat in Bezug auf das Reich nicht nur festgestellt, dass jüdische Mediziner eine recht hohe Mobilität – wohl resultierend aus der stetigen Nachfrage an kompetenten Arztpersonal – vorwiesen, sondern unterstützt auch Haverkamps These dahin gehend, dass jüdische Ärzte neben Rabbinern am leichtesten den Kulturkreis wechseln konnten.[150]

Shatzmiller hat einige europäische Städte, von denen die Forschung zuverlässiges Quellenmaterial bereitstellt, zum Vergleich genommen und zieht das Fazit, dass im Schnitt Juden nur

---

[147] Ebd., S. 55.
[148] Haverkamp, Alfred: Juden in Italien und Deutschland während des Spätmittelalters: Ansätze zum Vergleich. In: Christoph Cluse u.a. (Hrsg.): Neue Forschungen zur mittelalterlichen Geschichte (2000-2011). Festgabe zum 75. Geburtstag des Verfassers. Hannover 2012. S. 59-102, hier: S. 64.
[149] Assion, Peter: Jakob von Landshut: Zur Geschichte der jüdischen Ärzte in Deutschland. In: Sudhoffs Archiv, Bd. 53/3 (1969), S. 270-291, hier: S. 287f.
[150] Toch: Geldverleiher, S. 123.

drei bis fünf Prozent der gesamten Stadtbevölkerung ausmachten, sie aber proportional gesehen bis zu zehnmal stärker im Bereich der Medizin repräsentiert waren. Der Arztberuf war allerdings selbst unter Juden äußerst beliebt, so fanden sich im späten 15. Jahrhundert in Rom von 100 jüdischen Haushalten mindestens 15 Ärztefamilien wieder.[151] Hier sei ein bemerkenswertes Detail erwähnt: In Spanien etwa herrschte zwischen „Jude" und „Arzt" eine so enge Begriffskonnotation, dass *physicus* nicht nur den Arzt bezeichnete, sondern auch als abwertender Ausdruck für einen Juden verwendet wurde.[152] Und auch die ältere Forschung ging von einer ungeahnten Beliebtheit der jüdischen Heilkundigen aus, sodass in Frankfurt im Jahre 1514 nur ein einziger Arzt Christ war.[153]

Dieser exzellente Ruf fußte auf der Tatsache, dass sich die kompetente Privatausbildung einfach bezahlt machte und Judenärzte in der Regel kompetenter als christliche Ärzte waren. Maßgeblich verantwortlich für eine rasche Profilierung der jüdischen *physici* war die weit ausgebaute Praxiserfahrung, die ja bereits in der Privatausbildung gesammelt werden konnte. Dies trug insofern zu einem Kopplungseffekt bei, als die hohe Praxiserfahrung natürlich rasch für einen wachsenden Patientenkreis und somit für einen noch höheren Erfahrungswert sorgen konnte. Ferner begünstigten überregionale Netzwerke und wechselnde Einsatzgebiete in der Stadt und am Hof den Informationsaustausch und den Wissenstransfer der jüdischen Ärzte untereinander.[154] Denn wie wir uns erinnern, war gerade dieser regelmäßige Austausch von Wissen und Büchern ganz entscheidend für den Aufbau einer hebräischen Medizinfachliteratur. Nun trat aber dabei eine angenehme Begleiterscheinung ein, dass durch diesen Wissensaustausch das notwendige theoretische Medizinwissen stets ausgebaut und vertieft werden konnte, wie es bereits in den Phasen des Selbststudiums von Medizinliteratur, die auch Teil der Privatausbildung war, geschah. So kann man beispielsweise davon ausgehen, dass fast allen jüdischen Ärzten der gesamte Corpus Aristotelicum bekannt war.[155] Jüdische Heilkundige konnten also beides vorweisen: ein breit gefächertes Erfahrungs-spektrum im Bereich der Praxis sowie ein fundiertes theoretisches Wissen des zeitgenössischen Medizinwesens. Die daraus resultierende, äußerst kompetente Behandlung von Patienten stellte die christliche Konkurrenz daher nicht selten in den Schatten.[156]

---

[151] Shatzmiller: Jews Medicine, S. 108.
[152] Efron: German Jews, S. 27f.
[153] Krauss: Jüdische Ärzte, S. 59.
[154] Efron: German Jews, S. 17.
[155] Shatzmiller: Jews Medicine, S. 50.
[156] Efron: German Jews. S. 17.

Es ist daher nicht verwunderlich, dass sie häufig als Hof- und Leibärzte von Herrschern in den Dienst gestellt wurden, wie wir auch später anhand von Quellen sehen werden. Blicken wir in diese Quellen, so finden wir an den Höfen von europäischen Fürsten – sei es weltlich oder geistlich – nahezu überall jüdische Ärzte als Angehörige des Hofstaats. Beispielsweise erfahren wir von El'Azar, ein Mitglied der gut dokumentierten Sephardim-Dynastie Abenardut (Ibn Ardut) und Leibarzt von König Alfonso in Aragón, dass er nur ein Arzt von vielen am Hofe des Königs war. Ein Leibarzt hatte durchaus verantwortungsvolle Pflichten: Er hatte sofort auf Bestellung zu erscheinen und sich dadurch stets in der Nähe des Hofes aufzuhalten. Somit zählten nicht nur der König, sondern mehrere Angehörige des Hofstaats zu seinen Patientenkreis. Ferner musste die Anwesenheit des Leibarztes bei Feldzügen sichergestellt sein. Gerade letzteres trug entscheidend zum gegenseitigen Vertrauen und zu einer zwischenmenschlichen Bindung von Arzt und Herrscher bei. Natürlich machte sich ein Aufenthalt bei Fürstenhöfen exzellent im Lebenslauf, sodass Ärzte vom Kaliber El'Azars schnell überregionalen Ruf erlangten.[157] Wir müssen uns jedoch bewusst machen, dass Juden im Dienste von den westeuropäischen weltlichen und klerikalen Herrschern regulär als *servi camere regie* gesehen wurden, als Kammerknechte. Sie waren somit Eigentum der Krone und können rechtlich daher keinesfalls mit anderen Hofangehörigen gleichgesetzt werden.[158] Zur Kammerknechtschaft werden wir mit Hinblick auf das Heilige Römische Reich noch weitere Erkenntnisse erlangen.

In den meisten Quellen werden wir allerdings auch auf jüdische Land- oder Stadtärzte treffen. So sehen wir am Beispiel Murcias, dass Ärzte oftmals in die öffentlichen Dienste einer Stadt gestellt wurden und ihnen gegen ein Festgehalt die Fürsorge von Armen und Alten oblag. Die Vereinbarungen waren selbstverständlich von Stadt zu Stadt unterschiedlich und ein Arzt konnte permanent oder temporär rekrutiert werden, um die kranken Stadtbewohner auf Vollzeit-Basis kostenfrei zu behandeln. Denn gerade im Zeitalter der Epidemien wollten Städte zumindest für ein Minimum an öffentlicher Heilkunde garantieren.[159] Im Schnitt verdienten jüdische Ärzte allerdings um einiges weniger als ihre christlichen Kollegen. Angesichts der eben beschriebenen Kompetenzen erscheint dies paradox, allerdings ist die Degradierung im Kontext der grassierenden Judenfeindlichkeit in Europa und dem Einfluss der katholischen

---

[157] Shatzmiller: Jews Medicine, S. 60-64. Vgl. hierzu auch den von Torres Fontes beschriebenen Chirurgen Mosé Mayr (lässt aschkenasischen Ursprung vermuten!), welcher sich dem Heerzug der Stadt Murcia anschloss, der sich gegen das besetzte Villena richtete: Torres Fontes: Historia Medica, S. 233.
[158] Abulafia, David: Der König und die Juden – Juden im Dienst des Herrschers. In: Christoph Cluse (Hrsg.): Europas Juden im Mittelalter. Beiträge des internationalen Symposiums in Speyer vom 20.-25. Oktober 2002. Trier 2004. S. 60-71, hier: S. 60f.
[159] Shatzmiller: Jews Medicine, S. 113f.

Kirche zu sehen. Der Jude Zulemán Abenacox zum Beispiel verdiente 1432 in Spanien insgesamt 500 Mareviden, das sind 300 weniger als seine christlichen Kollegen verdienten.[160] Im italienischen Umbria erhielt ein jüdischer Arzt im 14. Jahrhundert monatlich 25 Florinen, sein christlicher Konkurrent wurde mit 35 Florinen im Monat entlohnt. Diese Tendenz lässt sich vielerorts beobachten.[161]

Aufgrund der Tatsache, dass in Europa massive Differenzen hinsichtlich der medizinischen Versorgungs- und Bildungsstrukturen vorherrschten, müssen wir uns generell stets von allgemeingültigen Aussagen kritisch distanzieren, da auch kaum Zeugnisse über den typischen Alltag eines Arztes existieren. Warum sich Juden so lange in mittelalterlichen Städten halten und mit ihnen identifizieren können, verdeutlicht Alfred Haverkamp am Beispiel der Städte Spoleto und Mainz. Gerade in Ober- und Mittelitalien war es beispielsweise die Regel, dass Juden genauso wie ihre christlichen Mitbürger *cives* der Stadt waren und dies mit den gleichen *privilegiis, libertatibus et immunitatibus civilitatis* einherging.[162] Aber auch die Juden der Erzbischofstadt Mainz, die eng im Kontakt mit den sogenannten SchUM-Gemeinden[163] standen, schätzten ihre aschkenasische Gemeinde außerordentlich und bezeichneten diese als „unsere Mutterstadt, der Ort unserer Väter. Die uralte Gemeinde, die hoch gelobte unter allen Gemeinden des Reichs."[164]

4.3. Magie und Aberglaube

Schon lange ist der Forschung bekannt, dass Elemente von Volksheilkunde und Magie ein wesentlicher Bestandteil des prototypischen Medizinwesens des Mittelalters war. Dies ist weniger ein speziell jüdisches Phänomen, sondern betrifft viele Gesellschaften des Mittelalters, auch die christlichen. Seit dem Altertum wurden entweder Gott selbst oder Dämonen als Verantwortliche für Krankheit und Tod gesehen. Bereits Galen berichtet uns von Heilmitteln, die babylonische oder ägyptische Namen des jeweilig betreffenden „Wahns" trugen. Die pharmazeutischen Erzeugnisse wurden daher einst mit dem Ziel hergestellt, nicht eine Krank-

---

[160] Torres Fontes: Historia Medica, S. 235.
[161] Shatzmiller: Jews Medicine S. 114-118.
[162] Haverkamp, Alfred: Juden und Städte – Verbindungen und Bindungen. In: Christoph Cluse (Hrsg.): Europas Juden im Mittelalter. Beiträge des internationalen Symposiums in Speyer vom 20.-25. Oktober 2002. Trier 2004. S. 60-71, hier: S. 72f.
[163] „SchUM" als Akronym für die bedeutendsten Judengemeinden des Reichs in den Städten Speyer „Sch", Worms „U" und Mainz „M".
[164] Ebd., S. 75f.

heit sondern einen verantwortlichen Dämon in Zaum zu halten. Vor der Säkularisierung der Medizin gerieten leider auch Mönche, deren Kenntnisse über Lesen und Schreiben hinausreichten, unter den Verdacht, Zauberei zu betreiben.[165] Fest steht, dass Juden im Mittelalter genauso anfällig gegenüber Volksglauben an Magie und Hexerei waren wie ihre christlichen Mitmenschen, denn auch die jüdische Religion kennt Dämonen und bösartige Wesen, die als Ursache von Krankheiten beschrieben werden. Die Behandlungsmethoden von Judenärzten waren daher mitunter eine Mischung aus Volksmedizin und speziell jüdischer Riten, die Magie und Zauberei suggerierten, wobei Rezepte und Behandlungen häufig nach folgendem Prinzip konzipiert wurden: Was dem Menschen widerlich und abscheulich erscheint, muss auf Dämonen einen ähnlich vertreibenden Effekt haben.

Dies führte zu teilweise bizarren Arzneimittelformen wie die Verabreichung von frischem Menschenblut, Schlangensuppe oder ein Gemisch von Milch und Urin eines Menschen und Esels. Auch skurrile Behandlungsmethoden sind überliefert, wie etwa das Augenleiden eines Patienten zu kurieren, indem dieser in Wein baden solle.[166] Efron konstatiert, dass Volksmedizin und Aberglaube im deutschen Reichsgebiet besonders stark und häufig vorzufinden war und auch die deutschen Juden hiervon betroffen waren. Von einigen ist bezeugt, dass sie sich dem Okkultismus widmeten und Sigillenmagie anwandten.[167] Daher wurden bei der Behandlung auch oft Tora-Rollen, Talismane und Amulette zum Einsatz gebracht, um den Heilungsprozess zu begünstigen. Auch versuchten sich Juden in Aschkenas selber zu schützen, indem sie beispielsweise symbolhaft ihre Namen wechselten, um Verderben bringende Dämonen täuschen und in die Irre führen zu können.[168]

---

[165] Krauss: Jüdische Ärzte, S. 40f.
[166] Efron: German Jews, S. 23f.
[167] Bei Efron *segullot* genannt: Ebd., S. 23.
[168] Ebd.

Abb. 14, 15, 16: Alle drei Zeichnungen sind Teil eines deutschen Schriftwerks aus dem Jahr 1446, zu finden in der British Library von London unter Add. 17987, fol. 100r, 101r, 114v.

In der ersten Abbildung links erkennen wir einen Arzt oder Bader, welcher einen Aderlass an einer Frau vornimmt, um das frische Blut in Schälchen aufzufangen. Mittig im nächsten Bild wird vermutlich derselbe Heilkundige gezeigt, welcher das frische Blut in den Schälchen auf dem Tisch präsentiert und ein Exemplar als Arznei an eine andere Frau weiterverkauft. Ob es sich bei dem Heilkundigen um einen Juden handelt ist nicht eindeutig zu klären, auf dem mittigen Bild könnte die Figur aber eine stilisierte Form des Judenhutes tragen. Ganz rechts das im Mittelalter weit verbreitete Motiv der Ritualmordbeschuldigung: Zwei Juden machen sich daran, ein unschuldiges Christus-Kind – verdeutlicht durch den Heiligenschein – für ihre Zwecke aufzuschneiden.

Die Kehrseite dieser Medaille lässt sich unschwer erahnen: Juden gerieten aufgrund dieser Riten und der sonderbaren Behandlungsmethoden, welche für Christen eher befremdlich wirkten, schnell in den Verdacht der Hexerei. Es wurde spätmittelalterlichen Juden somit nicht selten nachgesagt, ihre Heilkunst wäre ein Produkt von Zauberei, Mantik und Nekromantie. Im Extremfall wurden auch jüdische Hofärzte des Giftmords bezichtigt, eine äußerst belastende Anklage, aus der es selten Entrinnen gab.[169] Überhaupt wurde so ein Verdacht meist vorschnell geäußert, da die christliche Bevölkerung bekanntlich die Annahme vertrat, die Juden hätten seit den Lebzeiten Jesu die Christen als ihre Feinde auserkoren, daher läge es nicht fern, dass diese die Christen seit jeher töten oder eben als Arzt auch vergiften wollen. Vor allem wenn ein christlicher Patient nach oder während der Behandlung verstarb, wurden

---

[169] Krauss: Jüdische Ärzte, S. 55f.

dem Arzt Mordanschuldigungen entgegengebracht, die in der Regel Rache und drakonische Bestrafungen mit sich brachten.[170]

Auf Kreta wird im Jahre 1419 z.B. ein Meister Judah von Damaskus bezeugt, der einer Frau Abführmittel als Medizin verabreichte, woran diese letztendlich starb. Judah wurde verbannt und für vogelfrei erklärt, jegliche Unterstützungsleistung für den Judenarzt wurde auf Strafe verboten. Bei einer Ergreifung drohte Meister Judah das Abhacken der rechten Hand vor dem Haus der vergifteten Frau und der anschließende Tod durch den Strang. Obschon bei dieser Anschuldigung keine Verbindung zu Okkultismus hergestellt wurde, macht dies Beispiel deutlich, wie fatal sich eine Fehlbehandlung durch jüdische Ärzte auswirken konnte.[171] Doch obwohl die Furcht vor jüdischen Ärzten im deutschen Reichsgebiet wohl besonders groß war, kommt Efron zu dem faszinierenden Schluss: „Ironically, that which Christians feared most about Jews, their otherness and exoticness, provided a source of comfort and hope to Gentile patients."[172]

Dennoch soll hier zuletzt noch eine Quelle angeführt werden, die belegt, wie grassierend die Angst mittelalterlicher Christen war, durch jüdische Medizinbehandlung ein jähes Ende zu finden. Diese Angst mündete wohl auch gelegentlich in paranoide Präventivmaßnahmen, wie wir in Spanien sehen, wo Königin Maria von Aragón im Jahre 1397 folgende Order erlässt:

„[...] *ordinamus et statuimus, quod aliquis judeus utens arte medicine in aliqua christiani infirmitate suum medicine non audeat officium exercere, nisi in ipsa cura intervenerit alius medicus christianus, sub pena privacionis dicti officii et decem librarum barchinonensium, quodque nullus apothecaries ab eis recipiat receptam aliquam nec ex ea letovarium, collirium audeant facere vel xiporum sub pena consimili dictarum X librarum."* [173]

Königin Marias Furcht vor Giftmord durch Juden scheint so groß, dass sie folgenden Beschluss fasste: Jeglichem jüdischen Arzt (*aliquis judeus utens arte medicine*) ist es verboten, bei einem Gebrechen eines Christen seine Ärztepflicht auszuführen *(non audeat officium exercere)*, sofern nicht jener Behandlung zumindest ein christlicher Arzt beiwohnt *(ipsa cura intervenerit alius medicus christianus)*. Zudem darf auch kein Apotheker Rezepte von Juden entgegennehmen bzw. nach deren Anleitung Arzneien herstellen *(quodque nullus apothecari-*

---

[170] Efron: German Jews, S. 24f.
[171] Shatzmiller: Jews Medicine, S. 82f.
[172] Ebd., S. 21.
[173] Baer, Fritz: Die Juden im christlichen Spanien. Urkunden und Regesten, Bd. 1. Aragonien und Navarra. Berlin 1929, R. 464.

es ab eis recipiat receptam). Die Missachtung beider Verbote wird ferner unter einer Strafe von zehn barcelonischen Pfund gestellt *(pena[...]decem librarum barchinonensium).*

Unsere jüngsten Überlegungen führten nun zu der Erkenntnis, dass jüdische Ärzte aufgrund ihres Rufes und ihrer Fähigkeiten fast überall anzutreffen waren. Trotz der Tatsache, dass ihre Ausbildung grundsätzlich anders verlief und sie vielleicht auch gerade deswegen so heiß begehrt waren, mussten sich jüdische Ärzte ihren Platz in der mittelalterlichen Gesellschaft erkämpfen und konstituieren. Sofern man als Jude die Prüfung bestand und eine Lizenz erwarb, war man zwar eine examinierter Arzt, aber dennoch den christlichen Kollegen, die meist einen Universitätsabschluss in Medizin vorzuweisen hatten, nicht gleichgestellt. Dennoch erwiesen sich jüdische Ärzte meist als kompetenter und günstiger, sodass es kaum urbane Zentren und Herrscherhöfe gab, wo man keinen jüdischen Arzt antraf, trotz der häufigen Verleumdungen und Beschuldigungen bezüglich Magie und Hexerei. Wir wollen daher versuchen, eine Art Vergleich anzustellen, bei dem der historische Kontext, Rechtslage und sozio-ökonomische Kriterien von drei europäischen Regionen ausschlaggebend sein sollen. Hierzu sollen Quellen von der iberischen Halbinsel, aus Italien und dem deutschen Reichsgebiet konsultiert werden, um die Thesen und Meinungen der Forschung entsprechend einbringen zu können.

5. Das spätmittelalterliche Aschkenas

Politisch betrachtet befand sich Aschkenas, wie die Juden die Territorien des Heiligen Römischen Reiches bezeichneten, zu Beginn des 15. Jahrhunderts in einer ungünstigen Lage. Als Kaiser Karl IV. im Jahre 1378 starb, war Nachfolger König Wenzel erst 18 Jahre alt und mit großen strukturellen Problemen des Reiches konfrontiert, der römisch-deutsche König hatte kaum mehr eigene Besitzungen, zumal durch die Erbteilung seine Familienangehörigen ebenfalls mit Landgütern in der Nachfolge beteiligt wurden, sodass er letztendlich nur in Böhmen eine Art Machtbasis hatte.

Wenzel war mit der Regierung des Reiches maßlos überfordert: Es galt die erstarkenden Fürsten in Zaum zu halten, außenpolitisch musste das Verhältnis zu den Nachbarn und dem Papsttum gestärkt und diverse strukturelle Neuerungen, z.B. die Einteilung des Reichs in Reichskreise, initiiert werden. Nach einer glücklosen Herrschaft des eher unfähigen Königs erfolgte im Jahre 1400 n. Chr. die Absetzung durch die rheinischen Kurfürsten.[174] Für die jüdische Geschichte ist König Wenzel vor allem deswegen bekannt, weil er sehr eigenmächtig seine Schulden durch die Juden des Reichs tilgen ließ. So berichtet uns die ‚Germania Judaica' beispielsweise, dass der Judenschuldenerlass schließlich auch Frankfurt erreichte und sämtliche Schuldbriefe von den Juden ausgehändigt werden mussten. Dies hatte eine massive Schwächung der jüdischen Wirtschaftskraft in Frankfurt zur Folge.[175] Gegensätzlich zu der Ausbeutungspolitik Wenzels steht die wunderliche Tatsache, dass er sich selbst einen Hofjuden hielt. Ab 1417 n. Chr. sind in Prag, dem Zentrum der politischen Machtbasis Wenzels, mindestens 11 jüdische Ärzte bezeugt, darunter auch der Jude Feifel. Ein „Landfahrer und Wundarzt von der heiligen Stadt Jerusalem", wie er bezeichnet wird, gelangte auf seinen Reisen von Jerusalem nach Prag und wurde dort Leibarzt von König Wenzel.[176] Er ist ein guter Beleg für die oben aufgebrachte These, dass neben Rabbis jüdische Ärzte am leichtesten den Kulturkreis wechseln konnten.

Nach der anschließenden kurzen Herrschaft König Ruprechts, der nach 10 Jahren Regierungszeit bereits starb, übernahm 1410 König Sigmund die römisch-deutsche Krone. Seine Herrschaft verlief alles andere als ruhig: Sigmund konnte trotz außenpolitischen Turbulenzen – das mächtige Frankreich war aufgrund eines Bürgerkrieges handlungsunfähig und England zog daraus militärischen Nutzen zur Expansion – das Konstanzer Konzil einberufen, das 1417 das Ende des abendländischen Schismas brachte und den judenfreundlichen Papst Martin V. auf den Thron Petri brachte. Im Osten des Reiches verbreitete allerdings kein geringerer als Jan Hus in den Augen der katholischen Kirche ketzerische Lehren, sodass nach seiner Verurteilung und Verbrennung als Ketzer die entfachten Hussitenkriege Sigmunds ganze Aufmerksamkeit in Anspruch nahmen ehe der König 1437 starb.[177]

Die Amtszeit seines Nachfolgers Albrechts II. endete schon nach zwei Jahren. 1440 begann dann die lange und stabile Herrschaft von Kaiser Friedrich III. Hervorzuheben ist hier vor allem die *Reformatio Friderici,* der Reichslandfrieden von 1442, welcher maßgeblich zur Eindämmung von Fehden und zur inneren Stabilisation beitrug. Mit dem Wiener Konkordat von 1448 regelte Friedrich III. zudem bis zum Anbruch der Neuzeit das Verhältnis zwischen den Reichskirchen und dem Heiligem Stuhl deutlich zugunsten des Reiches. Neben den

---

[174] Vgl. die gesamte Regierungszeit Wenzels zum Nachlesen: Prietzel, Malte: Das Heilige Römische Reich im Spätmittelalter (= Geschichte kompakt). Darmstadt 2010², S. 87-96.
[175] Maimon, Arye u.a. (Hrsg.): Germania Judaica. Bd. III 1350-1519. 1. Teilband: Ortschaftsartikel Aach – Lychen. Tübingen 1987, „Frankfurt", S. 367.
[176] Maimon, Arye u.a. (Hrsg.): Germania Judaica. Bd. III 1350-1519. 2. Teilband: Ortschaftsartikel Mährisch-Budwitz – Zwolle. Tübingen 1995, „Prag" S. 1119 und S. 1127f.
[177] Prietzel: Heiliges Römisches Reich, S. 103-119.

Türken- und Burgunderkriegen zeichnete sich diese Ära folglich durch Reformen und Strukturänderungen aus.[178]

5.1. Jüdische Siedlungsgeschichte

Gesondert von diesem knappen historischen Abriss der politischen Rahmenbedingungen betrachten wir zunächst den Siedlungsraum deutscher Juden. Im 9. und 10. Jahrhundert lassen sich erste Anfänge der jüdischen Besiedlung Mitteleuropas festmachen. Man geht davon aus, dass die ersten Juden von Italien und Frankreich einwanderten, wobei hier das Hoffen auf wirtschaftlichen Aufstieg als Hauptmotiv zu nennen ist. Das jüdische Leben im deutschsprachigen Raum war von Beginn an städtisch geprägt, die entstandenen jüdischen Gemeinden lehnten sich sozial und rechtlich an die weltlichen bzw. geistlichen Herrscher an. Tätigkeiten von jüdischen Ärzten lassen sich erstmals im Salzburger Formelbuch aus dem 9. Jahrhundert nachweisen.[179]

Alfred Haverkamp betont, dass der aktuellen Forschung zufolge grundsätzlich dicht besiedelte Städte von mittelalterlichen Juden in Aschkenas bevorzugt wurden. Ferner hebt er besonders die wichtige Rolle der Kathedralstädte hervor: Die herausragende urbane Qualität dieser Städte hatten einen kontinuierlichen Bedarf an Fachpersonal zur Folge, der durch jüdische Berufstätige gedeckt werden konnte. Gerade die SchUM-Gemeinden Speyer, Worms und Mainz wurden somit zu Begegnungsorten zwischen Christen und Juden. Da es sich um Kathedral- bzw. Bischofsstädte handelt, war der Bischof der Landesherr und somit die zentrale Regierungsinstanz von Christen und Juden. Aufgrund der reichstypischen Hierarchieordnung waren die Juden der Städte in einem komplexen Beziehungsgeflecht zum Bischof, zum deutschen König und zu der Stadtgemeinde eingewoben.[180] Dies konnte mitunter zu diffusen und komplizierten Rechtsbeziehungen führen, da sich für deutsche Juden vier Rechtsstellungen ergaben: Der Status der Reichskammerknechtschaft, das kanonische und das jüdische Recht sowie das Territorial- bzw. Stadtrecht.[181]

Übrigens waren die Juden von Speyer und Worms laut älteren Forschungsberichten schon seit 1090 n .Chr. im Arzneimittelgeschäft tätig. Ferner ist sich die Forschung seit langem einig,

---

[178] Ebd., S. 122-141.
[179] Toch, Michael: Die Juden im mittelalterlichen Reich. (= Enzyklopädie deutscher Geschichte, Bd. 44) München 2003, S. 6-8.
[180] Haverkamp: Juden und Städte, S. 76ff.
[181] Cohen, Mark: Unter Kreuz und Halbmond. Juden im Mittelalter. München 2011, S. 65.

dass es in Norddeutschland relativ wenig jüdische Gemeinden gab.[182] Es ist festzuhalten, dass generell „europäische Juden die städtische Lebenswelt [vorzogen], die den spezifischen Bedürfnissen der religiösen Minderheit in kultischer, wirtschaftlicher und politisch-sozialer Hinsicht die besten Entfaltungsmöglichkeiten bieten konnte."[183] Neben der Favorisierung von Kathedralstädten lässt sich ebenso ein breit gedehntes Flächennetz von jüdischen Siedlungen in den Rheinlanden registrieren. So finden sich bereits im 9. und 10. Jahrhundert erste Niederlassungen in Trier und Köln, damals allen voran jüdische Handels- und Kaufleute. Die Pogrome und Verfolgungswellen während der Kreuzzüge führten eine breitere Ausdehnung der jüdischen Siedlungsräume herbei, wobei der Rhein stets als Orientierungspunkt für neue Siedlungsorte gesehen wurde.[184] Im Zeitraum von 1351 bis 1430 können nach der Pestkatastrophe insgesamt 93 jüdische Niederlassungen identifiziert werden. Anscheinend bevorzugten Juden nach den fatalen Übergriffen in Folge der Pestpogrome für Neusiedlungen Städte und Territorien von mächtigen Landesfürsten, da sie sich von diesen besseren Schutz erhofften.[185]

Friedrich Battenberg berichtet, dass die Verfolgungen der Juden bereits im 14. Jahrhundert das „Ende des urbanen Judentums"[186] herbeiführten und dieses durch ökonomische Krisen und Agrardepressionen im Reich verstärkt wurde. Berücksichtigt werden sollte in diesem Zusammenhang der massive Bevölkerungsrückgang in Mitteleuropa von knapp 14 auf etwa 9 Millionen Menschen. Dennoch steht die Entwicklung der jüdischen Siedlungsgeschichte gegensätzlich zu der Begleiterscheinung des pestbedingten Massensterbens, der prototypischen Landflucht und dem sozio-ökonomischen Erstarken der Städte.[187]

Im Spätmittelalter ändert sich das jüdische Siedlungsgeflecht grundlegend: Die auch von Reichsebene geförderte Ausgrenzung und Vertreibung der Juden resultierte in Abwanderungsprozesse und Wanderungsbewegungen. So wanderte z.B. ein Großteil der Kölner Juden im Spätmittelalter in die Handelsstadt Frankfurt ab.[188] Battenberg bestätigt diesen Prozess indem er konstatiert, dass noch im 14. Jahrhundert jüdische Ansiedlungen bevorzugt in Ka-

---

[182] Krauss: Jüdische Ärzte, S. 26f und S. 34.
[183] Ziwes, Franz-Josef: Jüdische Niederlassungen im Mittelalter (= Geschichtlicher Atlas der Rheinlande, Beiheft VIII/7). Köln 2002, S.3.
[184] Ebd., S. 5f.
[185] Ebd., S. 14.
[186] Friedrich Battenberg: Das europäische Zeitalter der Juden. Zur Entwicklung einer Minderheit in der nichtjüdischen Umwelt Europas, Bd. 1. Köln 2000, S. 122.
[187] Ebd., S. 124f.
[188] Ziwes: Jüdische Niederlassungen, S. 17.

thedral- oder Residenzstätten erkennbar waren und im Spätmittelalter eher agrarisch orientierte Kleinstädte favorisiert wurden.[189]

Gerade bezüglich des innerjüdischen Austausches von Wissen soll an dieser Stelle kurz auf das nicht zu unterschätzende Prinzip der Netzwerke aufmerksam gemacht werden. Dieses relativ neue Forschungsfeld wurde von Jörg Müller ins Rollen gebracht, der in einem Sammelband einschlägige Beiträge zu jüdischen Netzwerken des Spätmittelalters herausbrachte. Die Beiträge zeigen, dass innerjüdische Beziehungen europaweit einen adäquaten Ersatz zu den schwindenden jüdischen Gemeinden bieten konnten. Vor allem nach den Vertreibungswellen infolge der Pest 1348/50 n. Chr. waren Juden in Aschkenas sehr auf Beziehungsnetze untereinander und zu Christen angewiesen.[190] Später soll im Zusammenhang mit Reichs- bzw. Oberitalien noch einmal darauf zurückgegangen werden.

5.2. Zweifelhafte Rechtsgrundlage: *Servi camerae*

Greifen wir nun ein Thema auf, das in der Forschung sehr kontrovers diskutiert wird, das Prinzip der Kammerknechtschaft, die rechtliche Grundlage für die Kontrolle von Juden im deutschen Reich. Michael Toch bietet hier einen gelungenen Forschungsüberblick und vermittelt uns, dass das Wesen der Kammerknechtschaft von der gegenwärtigen Forschung im gesamteuropäischen Kontext gesehen wird und kein singuläres deutsches Phänomen ist, wie es die ältere Forschung gern dargestellt hat. Der Begriff „Kammerknechtschaft" ist eigentlich ein Neologismus der deutschen Kaiser, um den den Anspruch im Sinnbild einer Metapher deutlich zu machen: Die Juden sind Knechte der der römisch-deutschen Kammer bzw. Krone, *servi camerae regis*. Die Kreation dieses Begriffs und dieses Rechtsverhältnisses rührte offensichtlich von der bestehenden Konkurrenz zwischen Papst und Königtum hinsichtlich der Herrschaft über die Juden.[191] Man rückte in der Forschung mittlerweile von der Meinung ab, der Fokus des Prinzips Kammerknechtschaft wäre auf dem degradierenden Begriff „Knecht" gerichtet, wo schnell Konnotationen wie Unfreiheit und Privateigentum mitschwangen. Nun wird versucht, den Begriff distanzierter zu betrachten, sodass Marc Bloch zu dem Ergebnis kommt, dass die meisten Menschen des Mittelalters unfrei gewesen sein

---

[189] Ist übrigens der Meinung, dass nicht nur im Reichsgebiet Juden im Spätmittelalter „entbehrlich" werden, sondern dass dies ein europaweiter Prozess ist: Battenberg: Zeitalter der Juden, S. 126.
[190] Müller, Jörg R.: Beziehungsnetze aschkenasischer Juden während des Mittelalters und der frühen Neuzeit. Zur Einführung. In: Ders. (Hrsg.): Beziehungsnetze aschkenasischer Juden während des Mittelalters und der frühen Neuzeit (= Forschungen zur Geschichte der Juden. Abteilung A: Abhandlungen, Bd. 20). Hannover 2008.
[191] Toch: Juden im Reich, S. 105.

dürften und Juden aus dem Feudalsystem ausgeschlossen waren. Salo Baron verlagert den Schwerpunkt auf die Privilegien und den Schutz der Juden, die mit dem Status der Kammerknechtschaft einhergingen, und ergänzt, dass im Gegensatz zu Christen auch Juden mitunter Vorteile genossen, z.B. in Sachen der Niederlassungsfreiheit. Ferner sei zumindest bis zum Spätmittelalter die jüdische Gemeinde-Autorität gut in der Lage gewesen, den offiziellen Status der Unfreiheit zu kompensieren.[192]

5.2.1. Schutz- und Fiskalunion

Doch was bedeutete es nun genau, ein *servus camerae* zu sein? Wie schon erwähnt, suchten die deutschen Kaiser einen Weg, die aschkenasischen Juden aufgrund ihrer Finanzkraft unabhängig von der katholischen Kirche kontrollieren zu können. Bereits in einer Urkunde des Jahres 1090 von Heinrich IV. erfahren wir, dass jener Juden in Speyer ein Privileg erteilte und sie persönlich unter Schutz nahm.[193] Allerdings war es erst Kaiser Friedrich I., der den Passus *ad cameram nostram* hinzufügt. Kaiser Friedrich II., der uns an seine Regulierung des Medizinwesens erinnert, setzte schließlich in einem Privilegien-Brief von 1236 den Begriff *servi camerae regis* fest und besiegelte das Eigentumsverhältnis von König und Juden.[194] Durch die endgültige Formulierung Friedrichs II. sollten königs-fremde Ansprüche – die der Fürsten und der Kirche – abgewehrt und die Juden samt ihrer Vermögen zu Besitztümer des Königs werden. Dies war das Fundament des „Judenregals", wie die formalisierte Sachherrschaft auch gemeinhin genannt wurde.[195]

Der Ursprungsgedanke der Kammerknechtschaft beruhte durchaus auf gegenseitige Interessen: Der deutsche Kaiser benötigte Kapital und die Juden den notwendigen Schutz vor Übergriffen, da sie als exponierte Minderheit des Reiches grundsätzlich schutzbedürftig waren. Nachdem sich die Lage für aschkenasische Juden im Zuge des ersten Kreuzzugs im Jahre 1096 zuspitzte, wurde die mangelnde Schutzpolitik des Reiches deutlich, sodass Kaiser Friedrich I. den Juden einen effizienteren Schutz anbot. Im Gegenzug sollten die Juden Teil des kaiserlichen Fiskus werden, ehe Friedrich II. den eben beschriebenen Rechtsstatus

---
[192] So behandelt bei Cohen: Kreuz und Halbmond, S. 64f.
[193] Zugänglich über die MGH Band 6,2, S. 547.
http://www.mgh.de/dmgh/resolving/MGH_DD_H_IV_2_S._547 (zuletzt aufgerufen am 25.03.2013).
[194] Cohen: Kreuz und Halbmond, S. 64.
[195] Übt an dieser Stelle die Kritik, dass das fürstliche Judenregal bisher nur selten und unzureichend in der Forschung beleuchtet wurde und daher mehr Beachtung verdient: Toch: Juden im Reich, S. 106f.

verbindlich machte. Fortan war das Recht, „Juden zu halten" genauso gleichwertig wie das Münz- oder Zollrecht, welches auch auf Fürsten des Reiches übertragen werden konnte.[196]

5.2.2. Ausbeutungspolitik

Mit der Zeit wurde das Judenregal allerdings zum Synonym einer lukrativen Einnahmequelle, sodass das Judenrecht bei Fürsten äußerst begehrt wurde. Es ist schon sehr absurd, dass ausgerechnet bei Glaubenskriegen von Christen, z.B. bei den Hussiten- oder Türkenkriegen, Juden zur Kasse gebeten wurden und außerordentlichen Zahlungsaufforderungen nachkommen mussten. Als Beispiel wäre hier der goldene Opferpfennig zu nennen, eine jährliche Pauschalkopfsteuer für Juden. Rasch entstandt insgesamt das Sinnbild von den Juden als königliche Melkkuh.[197]

Schauen wir diesbezüglich nach Frankfurt am Main, wo 1422 n. Chr. König Sigmund von den Juden eine Sondersteuer für den tobenden Hussitenkrieg erhob. Die Stadt, die das Judenregal besaß, verhinderte diese Steuerabgabe, verlangte aber im Gegenzug von den Juden eine Vermögenssteuer, den *census judeorum*.[198] König Sigmund, nicht wirklich erfreut über die ausbleibende Sondersteuer, verhängte daraufhin die Reichsacht über Frankfurts Juden, sodass diese ein Jahr vor den Toren Frankfurts kampieren mussten, um die Stadt nicht wegen der Beherbergung von Geächteten in Gefahren auszusetzen.[199]

Dieses Beispiel macht deutlich, wie sehr spätmittelalterliche Juden der Willkür und Ausbeutung von Herrschern ausgesetzt waren. Neben der Tatsache, dass der einstige Schutzgedanke der Kammerknechtschaft immer stärker dem finanziellen Interesse wich, war es charakteristisch, dass mit der allmählichen Schwächung des römisch-deutschen Königtums das Judenregal von Reichs- auf Fürsten- und Stadtebene übertragen wurde. Im Spättmittelalter verlor der Kaiser sukzessive die Reichsgewalt über „seine" Juden und konnte nur noch versuchen, diesbezüglich fiskale Ansprüche durchzusetzen. Als jedoch die städtischen und territorialen Obrigkeiten stetig an Macht gewannen, konnten diese den jüdischen Lebensraum

---

[196] Toch: Juden im Reich, S. 49.
[197] Ebd., S. 49f.
[198] GJ III/1 „Frankfurt", S. 356.
[199] Ebd., S. 367.

immer weiter eingrenzten.[200] Wo Juden anfangs den christlich-städischen Mitbürgern fast gleichgestellt waren, so sind repressive Erscheinungsformen wie das Verbot, öffentliche Ämter zu bekleiden oder als Arzt christliche Patienten zu behandeln, die Kehrseite des formellen Schutzverhältnisses zwischen Stadt und Juden.[201]

Auswanderung blieb oftmals die einzige Option für wohlhabende Juden, um ihr Vermögen zu sichern. Nicht selten zogen Juden daher ins benachbarte Italien oder nach Osteuropa. Im Jahre 1435 vermeldete der Reichserbkämmerer Konrad ernüchtert, dass die *Judischeit* [im Reich] *also geleidiget besweret besatzt fluchtig gemacht und vertrieben befunden*[202] werden müsse.

5.3. Jüdische Ärzte im Heiligen Römischen Reich

Haverkamp betont zu Recht, dass die Erkenntnisse zur Siedlungs- und Migrationsgeschichte der Juden – und letztendlich auch der jüdischen Ärzte – auf der langwierigen Arbeit von dem Monumentalwerk Arye Maimons und seiner Kollegen beruhen. Das seit 1987 laufende Projekt ‚Germania Judaica' hat es sich zum Auftrag gemacht, sämtliche Existenzformen von Juden im Reichsgebiet zu beleuchten und anhand von den ausgewerteten Quellen und Daten zu belegen. Die bereitgestellten Ergebnisse der GJ sind daher für Aschkenas unsere primären Bezugsquellen. Wie bereits dargestellt fällt dabei schnell auf, dass dem Rheingebiet eine maßgebende Bedeutung zuteil geworden ist, vor allem weil die SchUM-Gemeinden Speyer, Worms und Mainz zu den religiösen und kulturellen Zentren von Aschkenas seit dem 11. Jahrhundert geworden sind. Dort finden sich auch die frühesten Belege für das Erteilen von Privilegien an Juden.[203] In der Tat sind die besten Belege von jüdischen Ärzten in der Rheingegend zu finden, allen voran in den SchUM-Gemeinden.

Wie bereits angeschnitten, standen die Mainzer Juden schon immer in engem Kontakt mit dem Bischof, der in der Regel ihr Landesherr war. So lassen sich durchschnittlich mindestens ein bis zwei Ärzte im spätmittelalterlichen Mainz ausmachen. Einer davon war der Heilkundige Bendel, von dem angegeben wird, dass er auch mit Arzneien handelte. Wie wir erfahren,

---

[200] Ziwes, Franz-Josef: Studien zur Geschichte der Juden im mittleren Rheingebiet während des hohen und späten Mittelalters (= Forschungen zur Geschichte der Juden. Abteilung A: Abhandlungen, Bd. 1). Hannover 1995, S. 49f.
[201] Toch: Juden im Reich, S. 50-54.
[202] Ziwes: Juden im Rheingebiet, S. 52.
[203] Haverkamp, Alfred: Zur Siedlungs- und Migrationsgeschichte der Juden in den deutschen Altsiedellanden während des Mittelalters. In: Michael Matheus (Hrsg.): Juden in Deutschland (= Mainzer Vorträge 1). Stuttgart 1995, S.9-32, hier: S. 13f.

wurde er von Erzbischof Diether von Isenburg persönlich gefördert, was uns verdeutlicht, dass offenkundig ein enges Verhältnis zwischen Juden und Bischof existierte.[204] Auch ein Judenarzt Gumprecht wird erwähnt. Da aber auch ein Gumprecht in Speyer registriert wurde, liegt der Verdacht nahe, dass jener in beiden Orten zugegen war. Dies würde nicht verwundern, da die jüdischen Gemeinden Mainz und Speyer in sehr regem Kontakt zueinander standen. Gumprecht ist ebenfalls ein hervorragendes Beispiel dafür, dass jüdische Ärzte auch am Hofe von Fürstbischöfen zugegen waren, da er im Jahre 1384 auch als Leibarzt von Erzbischof Adolf I. von Nassau bezeugt ist.[205] Wir lesen auch von einem Meister Isaak von Bingen: Neben seiner ärztlichen Tätigkeit war er Gelehrter und – ein recht typischer Nebenerwerb für Ärzte – Geldhändler. Pfalzgraf Ruprecht I. hatte so viel Schulden bei ihm, dass er Isaak einen äußerst humanen Brief aushändigte, der ihm für fünf Jahre Schutz gewährte. Isaaks Ruf war so überragend, dass er von den Mainzer Rabbinern auch häufig in Rechtsfragen konsultiert wurde.[206]

In Speyer finden wir zwischen 1495 und 1500 einen Juden Veyel, Leibarzt und Internist, als Zeugnis dafür, dass bemerkenswerte Leistungen überregional bekannt wurden, denn Kaiser Maximilian setzte sich persönlich für den Juden ein und gewährte ihm Privilegien.[207] In Worms wissen wir, dass jüdische Ärzte trotz gängigem Verbot im 15. Jahrhundert auch christliche Patienten behandelten. Auch ein „Kopfarzt" als Spezialist ist bezeugt und zeigt uns, wie mannigfaltig das jüdische Wissen in Heilkunde war.[208] Jüdische Ärzte konnten auch als einflussreiche Gemeindevorsteher fungieren, wie wir anhand des Juden Seligman von Speyer sehen, der Arzt und Judenratsmann zugleich war.[209] Heilkundige lassen sich sogar dort ausfindig machen, wo man sie am wenigsten vermutet, wie etwa bei christlichen Geistlichen. Die Äbte der Reichsabtei Fulda z.B. nahmen ganz gezielt Judenärzte auf, damit diese ihnen und den Untertanen der Liegenschaften von Nutzen konnten.[210]

Die zunehmende Ausgrenzung und Vertreibung der Stadtjuden im 15. Jahrhundert wurden begleitet von dem Erstarken der Städte und Territorialfürsten. Gleichzeitig war das Judenregal immer noch ein begehrtes Recht, sodass sich die fiskalischen Interessen der verschiedenen

---

[204] GJ III/2 „Mainz", S. 797.
[205] Ebd., S.798. Natürlich kann in Speyer zur gleichen Zeit auch ein anderer Gumprecht sesshaft gewesen sein, allerdings liegt der Verdacht aufgrund des genannten Netzwerkes Mainz-Speyer schon sehr nahe, dass es sich um den gleichen Gumprecht handelt. Vlg. auch den entsprechenden Eintrag bei „Speyer".
[206] Ebd., S. 798.
[207] GJ III/2 „Speyer", S. 1390.
[208] GJ III/2 „Worms", S. 1673.
[209] Ebd.
[210] Maimon, Arye u.a. (Hrsg.): Germania Judaica. Bd. III 1350-1519. 3. Teilband: Gebietsartikel, Einleitungsartikel und Indices. Tübingen 2003, „Reichsabtei Fulda", S. 1853.

Landesherren oftmals überschnitten. Nach den Pogromwellen im Jahr 1348 waren die Rahmenbedingungen für die jüdischen Gemeinden weitaus schlechter als zuvor. Abwanderung war die Folge und auch jüdische Ärzte zogen nun Kleinstädte und dörfliche Siedlungen den Kathedralmetropolen des Reiches vor. Haverkamp spricht in diesem Zusammenhang vom Beginn des Landjudentums.[211] Daher lassen sich auch in dünn besiedelten Siedlungsräumen des Reiches wie Bayern jüdische Ärzte finden. In München beispielsweise sind zwischen den Jahren 1385 und 1425 fünf jüdische Ärzte nachgewiesen. Mindestens zwei wurden offensichtlich regelmäßig von den bayerischen Herzögen in Gesundheitsfragen konsultiert.[212] Wandern wir in das schweizerische Reichsgebiet, so lesen wir, dass dort neben Geldhändlern eine große Zahl jüdischer Ärzten belegt ist.[213]

Bleiben wir noch kurz in der Schweiz. Hier finden wir den jüdischen Wanderarzt Vibranus, der Bürger von Freiburg (Üechtland) war. Dort hatte er seinen festen Wohnsitz und bekam vom dortigen Stadtrat Privilegien und Unterstützung zugesichert. Sein jährliches Gehalt war zwischen den Jahren 1470 und 1486 mit vier Florinen festgesetzt. Wir wissen auch, dass 1470 n. Chr. Vibranus mit dem Verbot der Apothekertätigkeit von Juden konfrontiert wurde, sodass man ihn für seine Arzneien an den zuständigen Stadtapotheker verwies. Die folgende Karte illustriert jedoch das erstaunlichste Detail unseres Fallbeispiels: Der Praxisbereich von Wanderarzt Vibranus erstreckte sich über den gewaltigen geographischen Raum Solothurn, Bern, Yverdon, Wallis und das Oberland.[214]

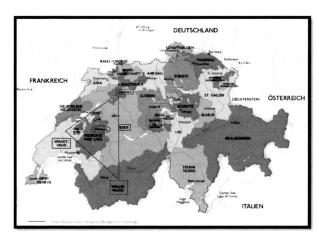

Abb. 17: Übersichtskarte der heutigen Schweiz mit Einteilung in Kantonen. (Für diese Zwecke modifiziert)

Mit Hilfe der blauen Linien wurde versucht, den erstaunlich großen Praxisbereich von Wanderarzt Vibranus nachzustellen. Die jeweiligen Strecken machen mindestens 100-150 Kilometer aus. Ergänzt durch die Höhenlage der Schweiz kann der Aufwand, den Vibranius im 15. Jahrhundert betrieb, nur im Ansatz erahnt werden.

---

[211] Haverkamp: Siedlungs- und Migrationsgeschichte, S. 18 und S. 24f.
[212] GJ III/3, „Bayern", S. 1795.
[213] GJ III/3, „Schweizerische Eidgenossenschaft", S. 2013.
[214] Vgl. auch GJ III/1 „Freiburg im Üechtland", S. 401.

5.3.1. Arztberuf – eine Männerdomäne?

Bevor wir uns zwei Stadt-Exempel zu Gemüte führen wollen, sollte noch ein Randthema der Forschung zumindest kurz umrissen werden. In der vorliegenden Arbeit wurde bisher immer nur von Ärzten gesprochen und kaum eine Differenzierung vorgenommen, inwiefern der Beruf denn wahrhaftig an Männer gebunden war, wie es der Genus des Wortes „Arzt" oder *medicus* auch suggeriert. Gab es im Spätmittelalter keine weiblichen Ärzte, war der Arztberuf nur den Männern vorbehalten? Tatsächlich war dem nicht so. Allerdings handelt es sich um ein Forschungsthema, das noch unzureichend erörtert und auf weitere Erkenntnisse angewiesen ist.

Bereits Samuel Krass fand heraus, dass es durchaus auch jüdische Ärztinnen gegeben hat, die offenbar im Gegensatz zu christlichen Ärztinnen über fundierte Fachkenntnisse verfügten und kaum der Pfuscherei bezichtigt wurden. Allerdings war es ihm noch weitgehend unklar, wie jüdische Frauen überhaupt zu medizinischem Wissen gelangen konnten, waren ihnen die Tore der Universitäten doch erst recht verschlossen.[215] Krauss Vermutung ging in die Richtung, dass der Wissenstransfer durch Väter oder Ehemänner geleistet wurde.[216] Die neue Forschung hat das Thema neu aufgegriffen und kommt zu dem Ergebnis, dass schätzungsweise 10 % aller Ärzte Frauen waren, die überdies keinesfalls Dilettanten darstellten, sondern meist vollwertig examiniert waren und entsprechende Titel wie *magistra, medica* oder *fisica* tragen durften.[217] Efron behauptet sogar, dass gerade im Reichsgebiet aufgrund der rückständigen Bildung vergleichsweise mehr Frauen zu finden waren.[218] Anhand von Untersuchungen belegt er, dass in der Reichsstadt Frankfurt zwischen 1387 und 1497 n. Chr. das Gros von weiblichen Ärzten jüdische Wurzeln hatte.[219]

Monica Green hat sich in einem Beitrag speziell mit Frauen in der mittelalterlichen Heilkunde beschäftigt und führt uns vor Augen, dass weibliche Heilkundige nicht ausschließlich als Hebammen tätig waren, wie es häufig Frauen im mittelalterlichen Medizinwesen unterstellt wird. Obschon tatsächlich der Großteil als Hebamme tätig war, lassen sich Frauen genauso wie ihre männlichen Kollegen auch in spezialisierten Medizinbereichen finden, z.B. als

---

[215] Große Ausnahme bietet mal wieder Montpellier und die Medizinschule von Salerno, wo durchaus Frauen vertreten und als *mulieres Salernitanae* bekannt waren: Vgl. Green, Monica: Women's Medical Practice and Health Care in Medieval Europe. In: Signs, Bd. 14/2 (1989), S. 434-473, hier: S. 442 und Kuhn, Annette: Frauenarbeit im Mittelalter. (= Frauen im Mittelalter. Quellen und Materialien, Bd. 1) Düsseldorf 1983, S. 261.
[216] Krauss: Jüdische Ärzte, S. 38.
[217] Shatzmiller: Jews Medicine, S. 104f.
[218] So auch bei Kuhn: Frauenarbeit, S. 262.
[219] Efron: German Jews, S. 19f.

Baderin, Chirurgin oder Augenärztin.[220] Beispielsweise in Frankfurt lassen sich erstaunlich viele jüdische Augenärztinnen im spätmittelalterlichen Zeitraum registrieren.[221] Frauen wurden generell bevorzugt als Pflegepersonal eingesetzt, sie konnten daher durchaus als Ärztin, Schwester und Apothekerin zugleich fungieren. Schon die Germanen kannten bereits sogenannte ‚weise Frauen', bei denen sich deutliche Parallelen zu der christlichen und jüdischen Auffassung von Krankheit als Zorn dunkler Mächte bzw. als Strafe Gottes aufzeigen. Auch diesen weisen Frauen wurden dämonische und magische Kräfte nachgesagt und sie wurden nicht selten der Hexerei bezichtigt. Bis zum Ende der Klostermedizin waren Frauen fester Bestandteil der Heilkundigen. Nach der Säkularisierung der Medizin wurde Frauen jedoch aufgrund des Universitätsverbots der Zugang zur scholastischen Heilkunde erschwert. Trotz offenbar guter Fähigkeiten wurden Frauen von Gelehrten der Medizinscholastik meist als Pfuscherinnen bezeichnet. Da aber im Reichsgebiet grundsätzlich größeres Misstrauen den Heilmethoden der Schulmedizin – wie z.B. der Urinschau – entgegengebracht wurde, schenkte man Kräuterfrauen oder weisen Frauen grundsätzlich mehr Vertrauen.[222]

Die Bürokratisierung der Medizin erfasste allerdings auch bald die weiblichen Heilkundigen: Für die ärztliche Tätigkeit ist im Spätmittelalter eine Lizenz von Nöten, wie uns das früheste Beispiel 1452 in Regensburg zeigt. Jüdische Ärztinnen mussten daher ebenfalls eine Lizenz erwerben, um praktizieren zu dürfen. Wir erfahren in Neapel, dass dort zwischen dem 13. Und 15. Jahrhundert von 24 weiblichen Chirurgen 13 explizit eine Lizenz zum Behandeln von Frauen erworben hatten. Dies zeigt uns auch, dass Ärztinnen nicht nur der Bereich der Gynäkologie zugewiesen wurde. Problematisch für Quellennachweise ist jedoch, dass Frauen über sehr großes Prestige oder ausreichend Wohlstand verfügen mussten, um überhaupt in relevanten Quellen wie Steuerlisten aufzutauchen.[223]

Da wir ohnehin gleich die jüdische Gemeinde von Frankfurt betreten wollen, darf hier die Erwähnung der Judenärztin Gnenlin, die in mehreren Regesten Frankfurts zwischen den Jahren 1431 und 1439 zu finden ist, nicht fehlen. Unter anderem erfahren wir nämlich, dass ihr und anderen Ärztinnen nebenläufige Geldgeschäfte vom Stadtrat verboten wurden.[224] Auch musste durch ein innerjüdisches Gericht ein Rechtsstreit zwischen Gnenlin und dem

---

[220] Green: Women's Medical, S. 439f.
[221] Vgl. die Regesten 1-635 bei Andernacht, Dietrich: Regesten zur Geschichte der Juden in der Reichsstadt Frankfurt am Main von 1401-1519 (= Forschungen zur Geschichte der Juden. Abteilung B: Quellen, Bd.1/1). Teil 1: Die Regesten der Jahre 1401-1455 (Nummern 1-1455). Hannover 1996.
[222] Kuhn: Frauenarbeit, S. 261f.
[223] Green: Women's Medical, S. 442-447.
[224] Andernacht: Frankfurt Teil 1, R. 371.

Hofjuden des Mainzer Erzbischofs beigelegt werden.[225] Der Judenärztin wurde sogar die Ausweisung angedroht und der Aufenthalt in Frankfurt offensichtlich nur noch gegen Zins und Geldzahlungen genehmigt.[226]

5.3.2. Beispiel A – Reichsstadt Frankfurt

Dietrich Andernacht leistet mit seiner Regestensammlung zur Frankfurter Judengeschichte einen wertvollen und quellenreichen Beitrag. Ergänzt mit der Germania Judaica kann somit die jüdische Gemeinde der spätmittelalterlichen Reichsstadt relativ gut rekonstruiert werden. Für den Zeitraum von 1401 bis 1519 n. Chr. sind mit knapp 150 erstaunlich viele jüdische Ärzte bezeugt und wenn wir in die Indices blicken, stellen wir fest, dass sich eine große Zahl von Regesten mit jüdischen Heilkundigen beschäftigen.

Die Reichsstadt Frankfurt umfasste im Spätmittelalter etwa 10.000 Einwohner und mauserte sich aufgrund ihrer regelmäßigen Handelsmessen zu einer der größten Geldhandelsplätze des Reichs. Aufgrund ihrer Reichsunmittelbarkeit wurde sie von einem Stadtrat regiert und unterstand direkt dem Kaiser. Sie wies bis zum Jahr 1462 ein eigenes Judenviertel auf, das jedoch nicht vom Rest der Stadt isoliert angelegt war. In der zweiten Hälfte des 15. Jahrhunderts erfolgte eine Umsiedlung der Juden in ein Ghetto am Wollgraben, wobei der Rat die Häuser hierfür eigens errichten ließ. Dort befanden sich alle gemeindetypischen Gebäude wie z.B. eine Synagoge, ein Spital oder das Badehaus.[227] Fremde Juden mussten für gewöhnlich ein sogenanntes Nachtgeld entrichten, um bleiben zu dürfen. Dieses wurde beispielsweise einer jüdischen Augenärztin erlassen, weil sie den Zöllner auf der Brücke vermutlich kostenfrei behandelt hatte.[228] Wir finden hier auch das Beispiel, dass jüdische Gemeinden, die einen hohen Bedarf an medizinischer Versorgung hatten, diesbezüglich jüdische Ärzte abwarben. So erfahren wir von einem Judenarzt, der samt seiner Sippschaft von Hanau nach Frankfurt vermittelt wurde, allerdings unter der Auflage, keine Geldgeschäfte zu betreiben und keine

---

[225] Ebd., R. 448.
[226] Ebd., R. 459 und R. 555.
[227] GJ III/1, „Frankfurt", S. 346-351.
[228] Andernacht: Frankfurt Teil 1, R. 821.

Christen zu behandeln. Als Lohn winkte dem Arzt und seiner Frau die Stättigkeit, die mittelalterliche Niederlassungserlaubnis in einer Stadt.[229]

Insgesamt dürfen die Juden etwa 1 % der Stadtbevölkerung ausgemacht haben und waren mehrheitlich in Geldgeschäfte involviert, stellten allerdings auch beachtlich viele Ärzte. Ab 1366 bildete sich bereits eine sogenannte *Kahal*[230] heraus und ein eigenes jüdisches Gericht durfte über die Frankfurter Juden richten, sofern die Genehmigung des städtischen Schultheißen oder Bürgermeisters eingeholt wurde.[231] So erfahren wir von einem durchwachsenen Rechtsstreit zwischen dem Judenarzt Salman von Münster und der Frankfurter Judengemeinde: Salman entrichtete eine große Summe in Form von der bereits beschriebenen Sondersteuer, u.a. für die Kriegszüge des deutschen Kaisers. Nach seinen Angaben verlor er dadurch etwa 700 Gulden und in seiner Abwesenheit forderte die jüdische Gemeinde obendrein zusätzliches Kapital von seinem Sohn, sodass Salman letztendlich die Beilegung des Rechtsstreits vor dem Frankfurter Stadt- oder Judengericht verlangte. Letztendlich widerfuhr Salman Glück im Unglück und er wurde durch den Pfalzgrafen vom Rhein abgeworben, der jenen für 10 Jahre seinen persönlichen Schutz und das Recht anbot, in der gesamten Pfalz uneingeschränkt seiner Ärztetätigkeit nachzugehen.[232]

Schutzherr der Juden war das Reich, Kaiser Karl IV. muss allerdings 1372 vorübergehend seine Juden „verkaufen", er verpfändete seinen Anspruch auf die Frankfurter *servi camerae* und trat das Judenregal an die Reichsstadt ab. Hier macht sich die Komplexität des Rechtsstandes von Juden im Reich bemerkbar: Schutz und Privilegien gewährte gegen Entrichtung der jüdischen Sondersteuern die Stadt Frankfurt, *de jure* waren die Juden noch Reichskammerknechte, *de facto* jedoch Bürger der Stadt. Nicht zu vergessen auch der Erzbischof von Mainz, der das kanonische Recht an den Frankfurter Juden beanspruchte, wie wir von unserer Judenärztin Gnenlin bereits erfahren haben, die einen Konflikt mit dem jüdischen Günstling

---

[229] Andernacht, Dietrich: Regesten zur Geschichte der Juden in der Reichsstadt Frankfurt am Main von 1401-1519 (= Forschungen zur Geschichte der Juden. Abteilung B: Quellen, Bd. 1/2).Teil 2: Die Regesten der Jahre 1456-1496 (Nummern 1456-2849). Hannover 1996, R. 1906 und R. 1918.
Die Stättigkeit wurde immer nur für eine Periode gewährt und musste nach deren Ablauf meist neu ausgehandelt werden. Ab 1442 war die Zeitperiode auf 3 Jahre festgesetzt und wurde in der Regel für den gesamten Haushalt erteilt. GJ III/1, „Frankfurt", S. 354.
[230] *Kahal* beschreibt allgemein eine Versammlung von Israeliten. Es war im Mittelalter zudem Synonym für die Verwaltung einer Diasporagemeinde in Aschkenas. Der Kahal war die leitende Autorität der Juden in einer Stadtgemeinde. Vgl. Bartal, Israel: „Kahal". EJKG, Bd. 3 He-Lu, S. 297-303.
[231] GJ III/1, „Frankfurt", S. 350-353.
[232] Andernacht: Frankfurt Teil 2, R. 2484 und R. 2585.

des Bischofs ausfechten musste.[233] Die innerjüdische *Kahal* stellte mit dem jüdischen Recht die vierte Rechtsinstanz für einen Frankfurter Juden dar.

Sämtliche Aktivitäten von Juden wurden stets mit Argusaugen überwacht. Trotz der erstaunlichen Tatsache, dass offenbar in Frankfurt auch Lehrhäuser der Rabbiner bezeugt sind, in denen auch ein Arzt eine Studentengruppe – wahrscheinlich in Medizin – unterrichtete, beschwerte sich ein gewisser Dr. Heinrich Geratwol darüber, dass der Stadtrat anscheinend ungelernte Juden praktizieren und Arzneien herstellen lasse.[234] Auch der christliche Apotheker zum Güldenschaf wurde bezichtigt, einen verbotenen Pakt mit dem Judenarzt Mosche von Aschaffenburg zu haben. Beide mussten sich einem städtischen Verhör stellen.[235] Abgesehen von diesen Observationen nahm die Steuerbelastung der jüdischen Haushalte bis zum Jahr 1500 stetig zu, sodass das Ungeld – die mittelalterliche Verbrauchssteuer – zwar von allen Bewohnern Frankfurts verlangt wurde, bei jüdischen Bürgern allerdings an die Verlängerung der kollektiven Stättigkeit und an die Judenschutzmaßnahmen der Stadt gekoppelt war. Bei Ausbleiben der Zahlungen drohte die Ausweisung oder eine Haftstrafe. Der Judenarzt Josef beispielsweise wurde inhaftiert und anschließend sogar gefoltert bis seine Frau schlussendlich für ihn vorsprechen musste und die Geldforderungen der Stadt neu aushandeln konnte, die auf 400 Gulden festgesetzt wurde.[236]

Mit dem Ende des Mittelalters verschlechterten sich die Verhältnisse für die Frankfurter Juden zunehmend. Der Stadtrat erwog offen die gänzliche Ausweisung der Juden, zögerte zu Beginn jedoch, da man auf das Kapital der Juden weiterhin angewiesen war.[237] Dies ist der Schluss einer zunächst freundlichen Beziehung zwischen Judenbürger und einer Stadt, die sich leider allmählich der reichsweiten Ausbeutungspolitik anschloss. Wo anfangs Christen und Juden durchaus Kontakt z.B. bei gemeinsamen Tanz oder Spiel hatten, so wurde schon bald versucht, jüdisches Leben einzugrenzen. So wundert auch der Stadtratsbeschluss am Ende des 15. Jahrhunderts nicht, sämtlichen jüdischen Ärzten ein Berufsverbot aufzuerlegen und das „Arzeneien" zu verbieten.[238]

---

[233] GJ III/1, „Frankfurt", S. 352f und Andernacht: Frankfurt Teil 1, R. 448.
[234] GJ III/1, „Frankfurt", S. 352. und Andernacht, Dietrich: Regesten zur Geschichte der Juden in der Reichsstadt Frankfurt am Main von 1401-1519 (= Forschungen zur Geschichte der Juden. Abteilung B: Quellen, Bd. 1/3).Teil 3: Die Regesten der Jahre 1456-1496 (Nummern 1456-2849). Hannover 1996, R. 3013.
[235] Andernacht: Frankfurt Teil 3, R. 4095.
[236] GJ III/1, „Frankfurt", S. 356 und Andernacht: Frankfurt Teil 3, R. 3248-3250 und R. 3253-3256.
[237] GJ III/1, „Frankfurt", S. 368.
[238] Andernacht: Frankfurt Teil 2, R. 2709.

5.3.3. Beispiel B – Jakob von Landshut

Wandern wir nun etwas Richtung Südosten und wenden uns dem bayerischen Landshut zu. Hier gilt es mittlerweile als belegt, dass Juden an der Finanzierung der Stadtgründung im Jahre 1204 beteiligt und somit konkret bei der Entstehung Landshuts involviert waren. Spitzlberger weist darauf hin, dass Juden auch in der niederbayerischen Kleinstadt nicht in isolierten Ghettos wohnen mussten und sich so erfolgreich unter die Landshuter Bürger mischten. Auf dem Laterankonzil 1215 n. Chr. wurde für Juden eine Kennzeichenpflicht eingeführt, die auch für Landshut galt. Man wusste bereits von den Mauren, dass sie für die sephardische Juden Südspaniens einen weißgelben Spitzhut vorsahen. In Aschkenas sind diese Hüte und Sonderabzeichen für Juden mindestens seit dem 15. Jahrhundert bezeugt.[239]

Unter Herzog Heinrich den Reichen von Bayern-Landshut genossen die Juden Landshuts in der ersten Hälfte des 15. Jahrhunderts eine ausgeglichene Duldungs- und Schutzpolitik des judenfreundlichen Herzogs. Heinrich wurde oft als ‚Gönner der Juden' bezeichnet, auch weil er gegen Entgelt den Juden Schutz und Privilegien erteilte. Zudem war es nur den Juden in Landshut erlaubt, Geldhandel zu betreiben. Leider konnte die wohlwollende Politik des Herzogs nicht verhindern, dass seitens der katholischen Kirche vehement gegen Juden gehetzt wurde. Auch Papst Nikolaus V. war erzürnt über den judenfreundlichen Umgang des Herzogs und forderte in einem Protestbrief, antijüdische Predigten nicht zu behindern und die Juden zu behandeln, wie sie es in den Augen des Papstes verdienten. Tatsächlich setzte mit dem Ableben Heinrichs anno 1450 die Vertreibung der Juden ein, die zudem als Sündenböcke für herrschende Seuchen deklariert wurden.[240] Bekannt wurde Landshut in der Forschung allerdings nicht aufgrund des gütigen Herzogs, sondern wegen einem der bekanntesten Judenärzte von Aschkenas, Meister Jakob von Landshut.

Jakob stammte wohl ursprünglich aus Schwäbisch Gmünd und war spätestens seit 1366 in Landshut ansässig. Er betrieb neben seiner Ärztetätigkeit Geldgeschäfte und gelangte dadurch an den herzoglichen Hof, wo er sich Vertrauen erwarb und bald Leibarzt von Herzog Stephan II. wurde. Höchstwahrscheinlich ist er identisch mit dem erwähnten Leibarzt von Herzog Albrecht II. von Straubing, der in einer dortigen Quelle als „Meister Jakob, der Jud von Regensburg" erwähnt wird. Aufgrund seiner offensichtlich meisterlichen Fähigkeiten ist es gut denkbar, dass er an Herzog Stephan II. nach Albrechts Tod weitervermittelt oder gar

---

[239] Spitzlberger, Georg: Jüdisches Leben in Altbayern. Die Juden im mittelalterlichen Landshut. Landshut 1988, S. 167, S. 174 und S. 22f.
[240] Ebd., S. 225-228.

abgeworben wurde. Frei von Spekulationen ist die Tatsache, dass Meister Jakob 1368 n. Chr. in einer Urkunde als Leibarzt Stephans eindeutig erwähnt wird. Auch sein Tod ist datierbar, spätestens auf 1427 n. Chr., weil in diesem Jahr eine Kathrey als seine Witwe bei einem Verkauf eines Landgutes erwähnt wird. Dies kann zudem als valider Beleg für den Wohlstand Jakobs gesehen werden.[241] Übrigens klärt uns Assion auch darüber auf, dass der Begriff ‚Meister' recht willkürlich im Mittelalter gebraucht wurde, im Bereich der Medizin oft als Synonym für Arzt oder Heilkundiger Verwendung fand.[242]

Interessant ist Jakob von Landshut jedoch nicht aufgrund seiner ärztlichen Praxis, über die wir eher wenig wissen, sondern aufgrund seiner Rezeption in Fachschriften und Rezepten des ausgehenden Mittelalters, wo er häufig erwähnt wird. Überdies sind Jakobs Rezepte erstaunlich oft mit magischen Vorstellungen gespickt, sodass man den Eindruck gewinnt, Jakob wäre mehr Volksmediziner und Laienarzt gewesen als Wissenschaftler.[243] Dies mag aber die These stützen, dass gerade in Aschkenas die Volksmedizin und Aberglaube trotz der säkularisierten Medizinwissenschaft immer noch eine zentrale Stellung innerhalb der gesellschaftlichen Heilkunde einnahm. Immer wieder wurden Funde von medizinischen Schriften oder Rezepten jüdischer Autoren in deutscher Sprache bestätigt, die auch belegen, dass jüdische Ärzte in Aschkenas trotz des Universitätsverbots einen hohen Bildungsstand aufweisen sowie lesen und schreiben konnten. Meister Jakob lässt sich auch als Urheber folgender Rezeptsammlung identifizieren, die aus der Praxis eines Wundarztes stammen muss. Die Rezepte waren wohl als Erweiterung des bestehenden Hohenberschen *Regimen sanitatis* gedacht und sind Teil eines um 1474/75 geschriebenen Codex in bayerischer Mundart, aufbewahrt in der Universitätsbibliothek München.[244] Bei dem Rezept handelt es sich offensichtlich um ein Heilbad zum Kurieren von Gliederschmerzen oder Rheuma. Auf Mittelhochdeutsch lautet es wie folgt:

---

[241] Vgl. Ebd., S. 218f. und Assion: Jakob, S. 271-274.
[242] Ebd., S. 74f.
[243] Ebd., S. 280.
[244] Ebd., S. 281.

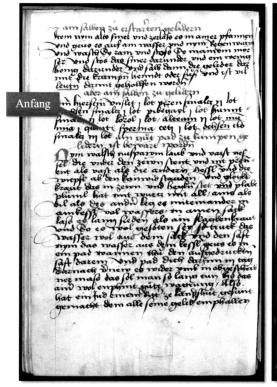
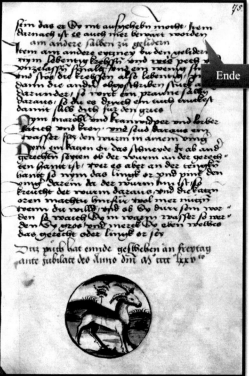

Abb. 18: Universitätsbibliothek München,
2° Cod.ms. 5, Bl. 74v.

Abb. 19: Universitätsbibliothek München,
2° Cod.ms. 5, Bl. 75r.

Ain gůt pad zu k[r]umpen gelidern ist bewärt worden. Nym walsch nuspawn laub vnd vaist nessel, die vnder den zewn stent vnd nit prennent als vast als die andern nessel, vnd die witpfl ab den k[r]anwid stauden, vnd glogkelkraut, das in zewn vnd hegken stet, vnd plabe plüml, hat mit wurtz mit all, ains als vil als des andern, leg es miteinander in ain kessel vol wasser in ainen sack, lass es lang sieden als ain flagkenkraut, vnd so es wol gesoten sey, so truck das wasser wol aus dem sack vnd den saft. Nym das wasser aus dem kessel, geus es in ein pad wannen, thů den ausgedruckten saft darein vnd pad dich darin iij tag. Darnach vernew es wider vmb in obgeschribner mass, das sol man so lang tun, bis das ainer wol enphint gůte wagrung. Also hat ein Jud einem Ritter ze landshůt gesunt gemacht, dem alle seine gelider emphallen sein, das er sy nit aufgeheben mocht. Item darnach ist es auch mer bewärt worden.[245]

---

[245] Text so übernommen von Ebd., S. 282.

Auch heute ließe sich das Heilbad durchaus herstellen. Benötigt werden dafür die genannten Herbarien, u.a. Walnussbaumblätter, nicht brennende Weissnessel und Glöckleinkraut (*nuspawm laub, vaist nessel [...] nit prennent, glogkelkraut*). In *ain kessel vol wassers in ainen sack* muss das Kräutergemisch dann sieden und anschließend ausgepresst werden. Hierauf den *ausgedruckten saft* dem Bad zugießen, worin der Patient *iij tag* baden soll. Diese Prozedur und das Baden *sol man so lange tun*, bis die Genesung einsetzt.

Dieses Rezept war wohl so hervorragend, dass mithilfe dieses Bades *ein Jud einem Ritter ze landshût gesunt gemacht [hat], dem alle seine gelider emphallen sein, das er sy nit aufgeheben mocht*. Das Heilbad wurde des Erfolges wegen offenbar öfters angewandt, denn *[i]tem darnach ist es auch mer bewärt worden*. Dieser *Jud* dürfte kein geringerer als Jakob von Landshut gewesen sein, der einem Landshuter Ritter sein Leiden zu lindern vermochte.

Das Beispiel Jakobs von Landshut zeigt uns, dass jüdische Ärzte in Aschkenas nicht nur ein hohes Ansehen genossen, sondern auch gerne von christlichen Kollegen zitiert wurden. Das ging wohl sogar so weit, dass man fiktiv die Urheberschaft von gewissen Rezepten einem jüdischen Arzt zuschrieb, um jenes attraktiver und begehrter zu machen.[246]

6. Transalpine Zuflucht – Italien und Sizilien

Um den ersten geopolitischen Vergleich zu wagen, wandern wir in die südliche Richtung des Reiches, überqueren die Alpen und betreten Italien. Dort können wir es pauschal in Ober- und Mittelitalien, ergo „Reichsitalien", das Patrimonium Petri und Süditalien bzw. Sizilien unterteilen. Auch hier sollen, wenn auch in etwas knapperer Ausführung, Spuren von Juden und Ärzten nachgegangen und die Konditionen bzw. Rahmenbedingungen erschlossen werden, unter denen Juden im mittelalterlichen Italien lebten. Sinnvoll ist eine Unterteilung in Ober-, Mittel- und Süditalien, weil wir sehen werden, dass sich dieses Nord-Süd-Gefälle in verschiedene Arten von Rechtsprechung und Herrschaft niederschlägt: Wo in Teilen Norditaliens das Reich durchaus noch Recht sprechen konnte, stellten die Herrschaftsformen der Stadtstaaten wie Mailand oder Venedig autonome Enklaven dar und Rom als Zentrum des Kirchenstaats mit dem Sitz des Heiligen Stuhls regierte mit dem kanonischen Recht als eigene Rechtsform über die Juden. Sizilien, bereits im 15. Jahrhundert unter spanischen Einfluss, bildet mit seiner

---

[246] Vgl. Fußnote 13 bei Ebd., S. 272.

herausragenden geostrategischen Position im Mittelmeer als Sammelbecken der Kulturen dann die südlichste und letzte Station dieses Kapitels.

Erwähnenswert ist Italien allein deshalb, weil es häufig Ziel von auswanderungswilligen und geldpotenten Juden war. Somit ist die Migration deutscher Juden nach Norditalien im 14. und 15. Jahrhundert ein bekanntes und verbreitetes Phänomen. Nicht ohne Grund: Wie wir gesehen haben, führt die repressive Politik des Reichs und der deutsche Städte zu einer drastischen Abnahme der jüdischen Haushalte im deutschsprachigen Raum. Da mit dem Migrationsstrom wohlhabender Juden dem Reichsfiskus auch Kapital entfloss, versuchte sogar der römisch-deutsche König Albrecht, die Reichsstädte zu einer Wiederaufnahme der Juden zu zwingen. Ferner wurde sein Kämmerer Konrad von Weinsberg auch beauftragt, Juden *usser Welschen landen* wieder zurückzuholen, ergo die Emigration nach Italien zu verhindern und bereits abgewanderte Juden wieder zurückzuholen.[247]

6.1. Italien – ein möglicher Vergleich?

Ein groß angesetzter Vergleich mit Blick auf die jüdische Kultur ist in der Forschung bisher nur selten unternommen worden. Fest steht, dass der Wissenschaftsvorsprung der mediterranen Länder sich auch in Form einer ausgeprägteren Schriftkultur manifestierte, sodass es z.B. in Reichsitalien früher Notare gab als nördlich der Alpen. Diese Unterschiede hinsichtlich der Quantität und Qualität von Quellen erschweren grundsätzlich den Vergleich. Zudem macht Haverkamp darauf aufmerksam, dass immer noch große Defizite in der italienischen Forschung bestehen.[248]

Michele Luzzati hat hingegen in einem kurzen Beitrag die aktuelle Forschung zur Region Italien bilanziert und kommt zu dem Ergebnis, dass die Ansiedlung von Juden in Mittel- und Oberitalien im Spätmittelalter weitgehend erforscht sei. Demnach hätte die jüdische Bevölkerung gerade mal 0,2 % der italienischen Bevölkerung ausgemacht.[249] Als Grund der Ansiedlung wird in den verschiedenen Beiträgen der Forschung oft das Motiv des Geldverleihs erwähnt, obschon hier noch Forschungsdefizite zu erkennen sind. Auffallend ist auch, dass die

---

[247] Ziwes: Juden im Rheingebiet, S. 202.
[248] Haverkamp: Italien und Deutschland, S. 59f. und S. 64.
[249] Luzzati, Michele: Nord- und Mittelitalien: Bilanz und Perspektiven der Forschung. In: Christoph Cluse (Hrsg.): Europas Juden im Mittelalter. Beiträge des internationalen Symposiums in Speyer vom 20.-25. Oktober 2002. Trier 2004. S. 209-220, hier: S. 209.

italienisch-jüdische Kultur stark von abgewanderten jüdischen Bevölkerungsteilen nördlich der Alpen und aus Spanien geformt und geprägt wurde. Einig ist sich die Forschung auch bezüglich der Migrationsströmungen: Sowohl aus Rom als auch aus Aschkenas erfolgten Wanderungsbewegungen in Richtung Mittelitalien und der Poebene. Aus den spanischen Königreichen und Portugal zogen Juden eher in Richtung Süditalien und Sizilien, wo die *Vicereges* Spaniens regierten.[250] Haverkamp zieht einen Vergleich und hält fest, dass in der jüdischen Siedlungsstruktur im Reich eine West-Ost-Verschiebung stattfand – aufgrund der Christianisierung und der sogenannten Ostbesiedelung – wohingegen die Universitätsgründungen in Norditalien in eine Süd-Nord-Verschiebung resultierten.[251]

Die Beiträge zu jüdischer Siedlungsgeschichte gestalten sich als recht mannigfaltig, da quasi jede bedeutende Stadt Juden beherbergte. Luzzati betont jedoch, dass lokalgeschichtliche Forschungen und Familienbiografien noch weiter beleuchtet werden müssen. Trotz der Tatsache, dass sich bei norditalienischen Juden ein regelrechter Nomadismus festmachen ließe, müsse man ferner Neuerkenntnisse bezüglich der Mobilität liefern. Denn erstaunlicher-weise finden sich in Norditalien kaum jüdische Gemeinden in traditioneller Art, sodass häufiges Wechseln des Wohnorts Migration notwendig und erklärbar macht. Als Gründe für den auftretenden Nomadismus werden u.a. Geldschwierigkeiten, repressive Rechtsprechung und judenfeindliche Haltung der christlichen Bevölkerung genannt.[252]

6.2. Zuwanderung und Netzwerke im Norden

Die transalpine Zuwanderung von Juden im Spätmittelalter trat bereits im 13. Jahrhundert zu Tage. Neben neuen wirtschaftlichen Möglichkeiten waren meist Pogrome und Vertreibungen für die Migrationsbewegungen deutscher Juden verantwortlich.[253] Diese These kann durchaus bestätigt werden, da die gesellschaftliche und rechtliche Situation aschkenasischer Juden im 15. Jahrhundert tatsächlich unsicher wurde. Toch erinnert uns daran, dass die Vertreibungen im Spätmittelalter die jüdischen Gemeinden erheblich einschränkten und diese förmlich aufgrund von Fiskallasten und Sondersteuern zugrunde gingen. Dies führte unweigerlich zu einer hohen geographischen Mobilität von aschkenasischen Juden, die nach Osteuropa,

---

[250] Ebd., S. 209f.
[251] Haverkamp: Italien und Deutschland, S. 73f.
[252] Ebd., S. 210-212.
[253] Israel, Uwe: Fremde aus dem Norden. Transalpine Zuwanderer im spätmittelalterlichen Italien. Tübingen 2005, S. 94f.

Norditalien oder in Richtung Mittelmeer auswanderten. Bereits im frühen 15. Jahrhundert machen die 40.000 Juden im Reich nur noch 0,25 % der Gesamtbevölkerung aus.[254]

Neben den Vertreibungen trugen allerdings auch umgekehrt die italienischen Signorien dazu bei, dass mehr Juden ins Land strömten. Die regelmäßigen militärischen Konflikte der italienischen Städte und Herzogtümer untereinander erforderten bald einen kontinuierliche Verfügbarkeit an Kapital, woraufhin jüdische Geldverleiher explizit eingeladen wurden, sich in den Städten niederzulassen. Oftmals erhielten Juden daraufhin auch das Bürger- und Stätterecht. Auch Uwe Israel räumt jedoch ein, dass Juden meist nur für kurze Zeiträume geduldet wurden und daher rasch wieder weiter wanderten.[255] Das Resultat war, dass fest etablierte jüdische Gemeinden in Norditalien nicht existieren konnten, es fehlte an einem konstanten jüdischen Bevölkerungsanteil, der über Generationen hinweg zur Formierung einer Gemeinde hätte beitragen können.

Aufgrund dessen waren die Juden Norditaliens maßgeblich auf Organisationsstrukturen angewiesen, was man in der heutigen Gegenwart unter „social networks" versteht. Was die nicht vorhandenen Gemeinden hätten leisten müssen, oblag nun vor allem den Haushaltsvorständen von jüdischen Familien Nord- und Mittelitaliens. Obgleich die Masse der jüdischen Familien dort im 15. Jahrhundert dem Bankgeschäft nachging, müssen auch so manche Ärzte davon profitiert haben. Allerdings betont Alessandra Veronese, dass Juden, die nicht Angehörige einer einflussreichen Bankiersfamilie waren, kaum eine Chance hatten, eine wichtige oder dominierende Rolle zu spielen.[256]

Dennoch schloss das nicht aus, dass sich norditalienische Städte als Migrationszentren für Juden herauskristallisieren konnten, wie wir am Beispiel der Stadt Treviso sehen. Treviso liegt kurz unterhalb des Alpensüdrands und war somit als erster Orientierungspunkt für Juden aus Aschkenas gut geeignet. Bereits gegen Ende des 13. Jahrhunderts erreichten erste jüdische Geldverleiher aus Schwaben und Bayern die Stadt, sodass im 14. Jahrhundert die ersten jüdischen Banken entstanden. Um 1425 n. Chr. lebten etwa 150 Juden in Treviso und stellten somit eine der größten Aschkenas-Gemeinden in Norditalien. Aber Treviso ist auch ein Beispiel dafür, dass im 15. Jahrhundert die Juden Norditaliens ebenfalls mit Judenfeindlichkeit, Isolation und Verfolgung konfrontiert wurden. Eingeläutet wurde dies zunächst mit der Ver-

---

[254] Toch: Juden im Reich, S. 12f.
[255] Israel: Transalpine Zuwanderer, S. 95.
[256] Veronese, Alessandra: Interregionale und regionale jüdische Beziehungen und Familiensolidarität in Mittel- und Norditalien im 14. und 15. Jahrhundert. In: Jörg R. Müller: Beziehungsnetze aschkenasischer Juden während des Mittelalters und der frühen Neuzeit (= Forschungen zur Geschichte der Juden. Abteilung A: Abhandlungen, Bd. 20). Hannover 2008, S. 247-260, hier: S. 248.

schärfung des Aufenthaltsrechts und mit der Einführung der Kennzeichenpflicht, sowohl für einreisende als auch sesshafte Juden. Zudem verlangte die Lokalmacht Venedig regelmäßig Fiskalabgaben und einsetzende Pogrome trugen zwangsläufig sukzessive zu Auswanderungen bei.[257]

Vor allem bei den Phasen der Isolation und Ausgrenzung wird es besonders deutlich, wie sehr Juden auf Unterstützung von Gemeinden und Netzwerken angewiesen waren. Da jedoch in Ober- und Mittelitalien vernetzte und stabile Organisationsstrukturen der Juden, wie etwa die SchUM-Gemeinden in Aschkenas, fehlten, mussten die jüdischen Großfamilien und Netzwerke die Trägerdomäne des jüdischen Lebens übernehmen. Regionale und interregionale Beziehungsgeflechte waren für Juden in Ober- und Mittelitalien somit unentbehrlich und stellten zweifelsohne eine lebensnotwendige Tatsache dar.[258] Dennoch hält Haverkamp daran fest, dass Juden in den Städten Norditaliens in der Regel mit Bürgerrechten und Privilegien ausgestattet waren, obschon in der Tat auch hier die Motive der Geldleihe und des Handels maßgeblich dafür verantwortlich gewesen sein dürften.[259]

6.2.1. Signorien und Stadtstaaten

Mit den grassierenden Pogromen im Reich im 14./15. Jahrhundert und den neuen wirtschaftlichen Möglichkeiten in Norditalien eröffnete sich für die Juden aus Aschkenas ein gänzlich neues Siedlungsgebiet. Tatsächlich waren die ökonomischen Gegebenheiten jenseits der Alpen für die deutschen Juden lukrativer und attraktiver geworden, die reichen Städte wie Florenz, Pisa oder Genua konnten einen deutlichen wirtschaftlichen Vorsprung gegenüber den deutschen Städten verbuchen. Auch der allgemeine Rückgang christlicher Bankiers im oberitalienischen Raum begünstigte die einsetzenden Migrationsströme. Neben den deutschen Juden wanderten auch Juden aus Frankreich nach Piemont und sephardische Juden flohen nach den großen Verfolgungswellen von 1391 gen Pisa oder Süditalien bzw. Sizilien. Italien wurde somit zu einem regelrechten Zufluchtsort für vertriebene Juden Europas.[260]

Der wichtigste Machtfaktor und zugleich der größte Dorn im Auge der römisch-deutschen Kaiser zwischen Alpenrand und Rom waren die dort gelegenen italienischen Stadtrepubliken.

---

[257] Israel: Transalpine Zuwanderer, S. 141 und S. 183-188.
[258] Veronese: Jüdische Beziehungen, S. 251 und S. 259.
[259] Haverkamp: Fragen und Einsichten, S. 22.
[260] Haverkamp: Italien und Deutschland, S. 73f.

Rasante Aufschwünge der Landwirtschaft führten in den Städten wie Genua, Venedig oder Cremona zu einer früh einsetzenden Bevölkerungsexplosion im Hochmittelalter gefolgt von einer Landflucht. Die Nähe zum Mittelmeer machte sich bezahlt, sodass die Häfen Norditaliens dazu verhalfen, einer der wichtigsten internationalen Warenumschlagsplätze zu werden. Handel und florierendes Gewerbe führten zu einen ungeahnten Wohlstand der Stadtstaaten. Im Jahre 1183 musste Kaiser Barbarossa widerwillig die Selbstständigkeit der norditalienischen Kommunen vertraglich akzeptieren. Auch wenn in Norditalien Reichsvikare eingesetzt wurden, verlor das Reich als Ordnungsmacht dort schnell an Bedeutung.[261] Dies bedeutete zeitgleich, dass der Zugriff des Kaisers auf seine jüdischen Kammerknechte erschwert wurde und das Reichsgesetz in der Regel dem Stadtrecht weichen musste.

Pisa, Genua und Venedig sind nach Haverkamp als besonders beliebte Städte für jüdische Migranten zu nennen. Vor allem jüdische Ärzte hielten sich dort länger auf, überhaupt werden ab der Mitte des 14. Jahrhunderts viele Ärzte in den Quellen erwähnt. Ähnlich wie wir es im Reich gesehen haben, finden sich auch hier Spezialisten wie Augenärzte oder Veterinäre wieder. An dieser Stelle müssen wir uns daran erinnern, dass das Medizinwesen und die Ärzteausbildung in Italien grundsätzlich besser ausgeprägt waren als im deutschsprachigen Raum, wenn wir allein an die zahlreichen Universitäten dort denken. Da es sich bei jüdischen Ärzten um eine äußerst mobile und flexible Berufsgruppe handelte, dürften sie in den großen und reichen Stadtrepubliken keine großen Probleme gehabt haben, eine Anstellung zu finden.[262]

Die Städte Norditaliens lebten allerdings nicht im Einklang miteinander, im Gegenteil: Es herrschten permanente Konfliktsituationen, sowohl innerstädtisch als auch unter den Städten. So wurde beispielsweise der Aufstieg Genuas von Pisa nicht geduldet, sodass man regelmäßig um Ressourcen und Territorien Krieg führte. Im Spätmittelalter trat dann in Ober- und Mittelitalien eine gesonderte Herrschaftsform zu Tage, die als *Signoria* bekannt wurde. Sie löste die plutokratische bzw. oligarchische Stadtherrschaft ab und mündete in die monokratische Regierung durch eine Einzelperson oder einer einflussreicher Familie wie z.B. der Colonna oder Sforza. Der Stadtherr wurde normalerweise *rector*, *podestà* oder *dominus* genannt. Die Signorien beseitigten zwar innerstädtische Streitigkeiten, konnten Norditalien aber keine Stabilität bringen, da der Anspruch der rivalisierenden Familien auf benachbarte Städte über-

---

[261] Goez, Elke: Geschichte Italiens im Mittelalter. Darmstadt 2010, S. 122f. und S. 161-164.
[262] Haverkamp: Italien und Deutschland, S. 83-88.

griff und so häufig in blutige Auseinandersetzungen mündete. Chronist Rolandius von Padua beschrieb die Situation Ober- und Mittelitaliens daher als Kampf jeder gegen jeden.[263]

Während im Süden und auf Sizilien seit Friedrich II. die Juden weiterhin als *servi camerae* behandelt wurden, musste im Norden im Spätmittelalter die kaiserliche Oberhoheit und der Anspruch auf die Reichskammerknechtschaft den erstarkenden Signorien weichen. Gefördert wurde dieser Umstand durch das schwächelnde deutsche Königtum, das seinen herrschaftlichen Schwerpunkt im 14. und 15. Jahrhundert mehr nach Osten verlagerte. Für die Juden Norditaliens war somit nicht die Beziehung zum Kaiser, sondern zu den Signorien bzw. zu den christlichen Stadtgemeinden von entscheidender Bedeutung. Erkennbar wird dies daran, dass Juden im Normalfall auch wie ihre christlichen Mitbürger *cives* einer Stadt waren. Haverkamp führt auf, dass wahrscheinlich das Wormser Judenprivileg von Kaiser Heinrich IV. im Jahre 1090 für alle Juden des Reiches bindend war, ergo auch für Reichsitalien. Offenbar nutzten die Juden das Wormser Privileg häufig dazu, auch in italienischen Städten eingemeindet zu werden und Rechtssicherheit zu beanspruchen.[264] Dennoch galt: Wollten die Juden in Frieden und geschützt ihrem Tagwerk nachgehen, mussten sie sich wohl oder übel mit der lokalen Signoria arrangieren.

6.2.2. Jüdische Ärzte in Mailand

Den größten Machtfaktor und den stärksten Einfluss in Oberitalien besaß ohne Zweifel der Stadtstaat Mailand. Ab dem Jahr 1287 stellte die Familie Visconti die *Signores* und den *capitano del popolo* der Stadt, der ab 1294 n. Chr. zugleich als Reichsvikar fungierte. Bis in das Spätmittelalter hinein regierten die Visconti nicht nur Mailand, sondern zudem u.a. Pavia, Cremona und Brescia. Ebenso scheuten sie den Krieg mit Venedig nicht und kontrollierten sogar kurzweilig Bologna und Genua. Ab der Mitte des 15. Jahrhunderts regierte dann die Familie Sforza die Stadt Mailand.[265]

Ende des 14. Jahrhunderts erfahren wir erstmals von einem jüdischen Arzt Menahem ben Benjamin und von einer Gruppe deutscher Juden, die Signore Gian Galeazzo Visconti von Mailand – formell ein Herzog – um Erlaubnis baten, sich in der Region Mailand niederzulassen. Gian Galeazzo, der zeitgleich Reichsvikar war, kam dieser Bitte nach und bald

---

[263] Goez: Italien, S. 192f.
[264] Haverkamp: Italien und Deutschland, S. 89f.
[265] Goez: Italien, S. 207f.

siedelten jüdische Immigranten aus Frankreich, dem Reichsgebiet und später auch teilweise aus Spanien in der Mailänder Region. Sogar Juden aus Ober- und Süditalien trafen in der Stadt ein. Die These Haverkamps von der engen Bindung zwischen Juden und Signorie sehen wir hier bestätigt, da die Mailänder Juden offenkundig einen engen Kontakt zum Herzog von Mailand pflegten, teilweise erhielten diese sogar den einflussreichen Status eines *familiari* oder wurden gar Mitglied des herzoglichen Hofstaats.[266]

In seinem Quellenband liefert Simonsohn etliche Regesten über jüdische Existenzformen in Mailand, welche das Resümee zulassen, dass sich relativ viele Quellen mit jüdischen Ärzten in Mailand beschäftigen. Auch in Mailand waren jüdische Ärzte offensichtlich innerhalb jüdischer Kreise angesehene Persönlichkeiten und gingen neben ihrer ärztlichen Pflicht auch weiteren Tätigkeiten nach. So erfahren wir, wie Francesco Sforza dem Judenarzt Isaak in einem Schreiben bestätigt, dass dieser als Arzt frei praktizieren und nebenher Geld verleihen sowie als Gemeindevorsteher der Juden von Cremona fungieren dürfe.[267]

Ebenfalls können wir am Beispiel Mailands sehen, wie begehrt jüdische Spezialisten waren. So lässt sich in einer Quelle lesen, wie Filippo Trombeta, ein Günstling des Signore Este von Ferrara, ein Petitionsschreiben im Jahre 1442 an den Herzog von Mailand sandte. In diesem Schreiben erfahren wir, dass Filippo an einem schweren Augenleiden litt und bereits nahezu blind war. Da sich in Ferrara offensichtlich kein Augenspezialist befand, hörte er von drei Ärzten aus Mailand, die potentielle Hilfe leisten hätten können und von denen einer nach Ferrara entsandt hätte sollen: Darunter Magister Isaak der Jude von Cremona – vielleicht derselbe Isaak, den Francesco Sforza in der Quelle zuvor als Gemeindevorsteher einsetzte – und Magister Elya[268], der jüdische Leibarzt des Mailänder Herzogs persönlich.[269] Anhand dieser Quelle lässt sich ebenso das weit verbreitete Phänomen erkennen, dass sich auch italienische Herrscher gerne jüdische Leibärzte gönnten und dass der Ruf mancher Judenärzte ihnen weit voraus eilte. Auch Tomas de Nogarolo schreibt im Juli 1461 den Herzog von Mailand in einer Arztsache an. Da er aufgrund seines Leidens nicht in der Lage ist, selbst nach Mailand zu reisen, um dort kuriert zu werden, ersucht auch Tomas den Herzog um die Entsendung eines geeigneten Judenarztes. Meister Jakob der Jude soll seine Krankheit behan-

---
[266] Simonsohn, Shlomo: The Jews in the Duchy of Milan. Bd. 1 1387-1477. Jerusalem 1982, S. 16-18.
[267] Ebd., R. 31.
[268] Sehr wahrscheinlich Elia di Sabbato.
[269] Ebd., R. 32.

deln und ihm zudem einen bewährten Trank überlassen, der offenbar Wunder wirkt (*uno certo bevando che fo miracolo*).[270]

In einer anderen Quelle aus Alessandria wird erwähnt, dass die Talente eines gewissen Magisters Moses so überragend seien, dass hierauf der Stadtrat dem Judenarzt Moses die Genehmigung erteilte, ungehindert in der Stadt praktizieren zu dürfen. Dafür stellte der Herzog von Mailand eigens dem Juden Moses die notwendige Lizenz aus.[271] Allerdings scheint in Mailand die Behandlung von Christen durch einen jüdischen Arzt gleichsam wie im Reich nicht der Normalfall gewesen zu sein, wie uns eine der Regesten aufzeigt: In einer gesonderten Petition, unterstützt durch den Mailänder Signore, muss der jüdische Arzt Israel von Soncino den Papst um die Erlaubnis bitten, neben Juden auch Christen in seinem Praxisbereich behandeln zu dürfen.[272]

6.3. Die Juden und der Papst

Die nächste Herrschaftsdomäne südlich der Signorien Norditaliens stellte das Patrimonium Petri mit Rom als Sitz des Vicarius Christi dar. Das sonderbare und mitunter äußerst kontroverse Beziehungsgeflecht zwischen Papst und Juden würde eine eigene Arbeit erfordern, sodass sich der folgende Abschnitt auf das Wesentliche beschränkt. Rom jedenfalls wurde im Mittelalter als Zentrum der lateinischen Christenheit gesehen, beherbergte jedoch seit der Antike auch eine beachtliche Judengemeinde. Die ewige Stadt diente als Ausgangs- und Expansionsbasis für italienische Juden und war ein wichtiger Faktor für die Migrationsströmungen und Binnenwanderungen nach Oberitalien. Nach der großflächigen Vertreibung durch die spanische Krone im Jahre 1492 wurde Rom auch Zufluchtsort vieler sephardischen Juden.[273]

Dieses Kapitel sollte zum Anlass genommen werden, sich in einer knappen Ausführung mit dem kanonischen Judenrecht auseinanderzusetzen, dass zwar vom Papst ausging, aber in weiten Teilen über die Grenzen des Kirchenstaates hinaus Gültigkeit besaß. Als Legitimationsbasis des kanonischen Rechts wurde das 16. Buch des Codex Theodosianus gesehen, in dem Wesenszüge der Duldungspolitik bezüglich der Juden deklariert wurden. Die Konzile der

---

[270] Ebd., R. 726.
[271] Ebd., R. 317.
[272] Ebd., R. 604.
[273] Haverkamp: Italien und Deutschland, S. 72

Kirche entwickelten dieses Recht während des Mittelalters weiter und unter Papst Gregor dem Großen sprach sich die katholische Kirche Ende des 6. Jahrhunderts zu einer grundsätzlichen Toleranzhaltung gegenüber Juden aus. In einer großen Bulle mit dem Namen *Sicut Judeis* wurden die Schutzgarantien für Juden zu Beginn des 12. Jahrhunderts rechtlich abgesichert. Unter Papst Innozenz III. erfuhr diese relativ judenfreundliche Politik der Kirche jedoch eine Wende, indem das altbekannte Motiv der Jesusmörder wiederbelebt und die Vorstellung einer ewigen Knechtschaft der Juden seitens der Kirche proklamiert wurde. Diese judenfeindliche Haltung gipfelte schlussendlich im Laterankonzil von 1215, das restriktive Gesetze vorsah, die den jüdischen Einfluss in der christlichen Gesellschaft eingrenzen und das Ende der päpstlichen Toleranzpolitik einläuten sollten.[274]

Abb. 20:
Ende 15. Jahrhundert

New York, Jewish Theological Seminary of America
Ms. Acc. N° 03225, Ms. Rothschild II fol. 124v.

Abb. 21:
Ca. 1460 n. Chr.

London, British Library
Ms. Add. 14765
fol. 45r.

Seit dem Laterankonzil von 1215 wurde auch von Juden erwartet, dass sie sich mithilfe von Kleidung und speziellen Kennzeichen von der christlichen Bevölkerung unterscheiden. Links ist ein deutscher Jude zu sehen, der ein ovales Abzeichen aus gelbem Stoff auf der rechen Brust angebracht hat. Rechts ein italienischer Jude, der eine geschmückte Tora-Rolle hält. Er trägt auf dem Kopf den *tallit*, der auch seine Schultern bedeckt und rechts unten an den Enden zu den *ziziyyot* geknüpft sind.

Die Auswirkungen des Laterankonzils waren für Juden nicht unerheblich: Die päpstliche Schutzpolitik wurde untergraben, die Kennzeichenpflicht erschwerte den Kontakt zwischen christlichen und jüdischen Gesellschaftsteilen. Der Einfluss des kanonischen Rechts auf das weltliche Recht darf keineswegs unterschätzt werden, denn indirekt „war die Wirkung der kanonischen Judengesetzgebung für die Juden sofort spürbar. […] Ihre wirtschaftliche und gesellschaftliche Stellung wurde davon nachteilig betroffen, was ihr Leben armselig mach-

---

[274] Cohen: Kreuz und Halbmond, S. 54-57.

te."[275] Diese wechselhaften Motive der päpstlichen Judenpolitik werden in der Forschung sehr ambivalent und kritisch betrachtet. Wo beispielsweise der jüdische Historiker Kenneth Stow betont, dass die repressive Politik des Kirchenoberhaupts aus der Notwendigkeit resultierte, die Macht der Kirche als Institution auszubauen, so mahnt Shlomo Simonsohn, man solle die durchaus ambivalente Politik der Päpste, die einen großen Spagat zwischen Schutz und Verfolgung der Juden vollführte, im historisch-gesellschaftlichen Kontext betrachten.[276]

Trotz dieser widersprüchlichen Politik kam es überraschend vor, dass sogar Päpste sich Juden als Leibärzte hielten. Daher soll in diesem Zusammenhang einer der bekanntesten Judenärzte des 15. Jahrhunderts erwähnt werden: Elia di Sabbato da Fermo. Wir hörten seinen Namen bereits im Zusammenhang mit den Ausnahmefällen, in denen Juden Zutritt zu christlichen Universitäten hatten. Man geht davon aus, dass dieser Mann tatsächlich einst an der Universität von Bologna Medizin studiert hatte und daraufhin eine brillante Karriere mit nicht weniger als 50 Jahren Berufserfahrung ablegte.[277] Elia hielt sich auch u.a. in Mailand auf und ist sehr wahrscheinlich auch der jüdische Arzt, der in der Mailänder Quelle als *Elya* auftaucht, als die Stadt Ferrara den Signore von Mailand um die Entsendung eines qualifizierten Augenarztes bittet.[278] Für sein Talent und Geschick in der Heilkunde erntete Elia viel Lob und Anerkennung durch Zeitgenossen, er wurde deswegen sogar in Mailand zum Ritter geschlagen wurde – eine ungeheure Seltenheit für Juden im Mittelalter. Auch der König von England, Henry IV. war an dem Meisterarzt interessiert und ersuchte ihn, auf die Insel zu kommen. Nachdem Elia nur drei Monate in England blieb, wurde er vom burgundischen Herzog bestellt, der ihm ein geheimes Geschäft vorschlug.[279]

Schlussendlich wurde Elia di Sabbato sogar Leibarzt von Papst Martin V. und Eugenius IV. Bereits im Jahre 1406 gab ihm Papst Innozenz VII. zahlreiche Privilegien, darunter das römische Bürgerrecht sowie die Befreiung von der allgemeinen Kennzeichenpflicht für Juden, wie wir aus einer päpstlichen Quelle entnehmen können. Überdies erhielt Elia un-eingeschränkte Reisefreiheit und sowohl ihm als auch seinem Bruder wurde das Tragen von Waffen gestattet. Zusätzlich wurden 20 Golddukaten der Judensteuer direkt an ihn entrichtet.[280] Sofern sich Elia in Schwierigkeiten befinden sollte, konnte er offensichtlich auf die Unterstützung seines Gönners in Rom zählen. So ist es sehr wahrscheinlich dem Einschreiten von Papst Martin V.

---

[275] Zitat von Guido Kirsch bei Ebd., S. 59.
[276] Ebd., S. 58.
[277] Shatzmiller: Jews Medicine, S. 68.
[278] Vgl. Simonsohn: Duchy of Milan, Bd. 1, R. 32.
[279] Shatzmiller: Jews Medicine, S. 69f.
[280] Simonsohn, Shlomo: The Apostolic See and the Jews. Documents. Bd. 2 1394-1464. Jerusalem 1989, R. 563.

zu verdanken, dass der bekannte Judenarzt aus der Kerkerhaft in Fermo entlassen und die Gemeinde von Papst ermahnt wurde, den wertvollen Juden keinesfalls schlecht zu behandeln.[281] Elia di Sabbato ist zudem ein gutes Beispiel dafür, dass die Privilegien von Hofjuden häufig auf den Familienkreis ausgeweitet wurden. Wie im Falle Elias wurde die gesamte Familie von der Kopfsteuer befreit und Elia selbst fungierte als oberster Richter seiner Judengemeinde. Die Stellung privilegierter Ärzte zog jedoch auch oft den Zorn der jüdischen Gemeinde nach sich, da diese meist den durch das Privileg verursachten Steuerausfall kompensieren mussten.[282]

Jüdische Ärzte konnten folglich durchaus von der Gunst der Päpste profitieren. So ist es z.B. auch denkbar, dass Elia ohne die Unterstützung der Päpste wohl kaum so eine erfolgreiche Karriere beschreiten und so hohe Ämter hätte bekleiden können. Dennoch wird die recht kontrastreiche Politik der Päpste Gegenstand der Forschung bleiben, denn selbst heute lassen sich in der jüngsten Vergangenheit widersprüchliche Haltungen der katholischen Kirche gegenüber den Juden registrieren. Auch wenn Elia di Sabbato sicherlich einen Sonderfall darstellte, so können wir das Patrimonium Petri mit der erstaunlichen Erkenntnis verlassen, dass selbst die Stellvertreter Christi auf Erden auf die hohe Kompetenz jüdischer Ärzte zurückgriffen.

6.4. Sizilien – Schmelztiegel der Kulturen

Verlassen wir das italienische Festland und setzen über auf die Insel Sizilien, die aufgrund ihrer geostrategischen Position seit dem Altertum stets eine exponierte Stellung einnahm. Bereits die Phönizier und Griechen wussten die günstige Zentrallage im Mittelmeer zu schätzen und gründeten dort ihre Kolonien. Die Inselbevölkerung setzte sich schon immer sehr heterogen zusammen, da Sizilien stets Objekt von feindlichen Eroberungszügen war. So stritten bereits Römer und Karthager, Germanen und Byzantiner und nicht zuletzt Normannen und Sarazenen um die bedeutende Herrschaft über die Insel, mit der sich wichtige Handelsrouten im Mittelmeer kontrollieren ließen.

Die günstige geographische Position Siziliens war auch die Ursache einer hohen Mobilität von Ethnien und Volksgruppen, sodass Schätzungen bezüglich Populationen äußerst schwie-

---

[281] Ebd., R. 634.
[282] Shatzmiller: Jews Medicine, S. 71f.

rig werden, wie Simonsohn betont, der sich ausgiebig mit den Juden Siziliens befasste. Generell ist eine hohe Zahl an Zu- und Abwanderung zu registrieren, was aber in engem Zusammenhang mit den häufig wechselnden sizilianischen Herrschern zu sehen und nicht unüblich ist. Die Jüdische Bevölkerung setzte sich aus zugezogenen Juden zusammen, darunter viele Sephardim, die nach den Unruhen im Jahre 1391 meist über Nordafrika nach Sizilien gelangten. Aber auch jüdische Zuwanderer aus Süditalien, Rom und Oberitalien, Aschkenas, dem Balkan und sogar aus Russland fanden auf der Insel ein neues Zuhause. 1492 n. Chr. zählte Sizilien knapp 22.000 Juden, das waren 5 % der Gesamt-bevölkerung.[283]

Die Königskrone von Sizilien und Neapel wurde im 13. Jahrhundert zunächst aus Angst vor einer staufischen Umklammerung von Papst Clemens IV. einem französischen Herrscherhaus übertragen, wodurch Karl I. von Anjou der König Siziliens wurde. Eine Revolte in Palermo, die später als Sizilianische Vesper in die Geschichtsbücher einging, beendete im Jahre 1282 die Herrschaft des Hauses Anjou auf Sizilien. Dieses Machtvakuum nutzte König Peter III. von Aragón aus, um seinen Anspruch auf das Königreich Sizilien durchzusetzen. Im Frieden von Caltabellotta musste 1302 n. Chr. das Haus Anjou auf Sizilien verzichten und an Aragón abtreten, durfte aber Neapel behalten. Siziliens Krone wurde jedenfalls im 15. Jahrhundert von den spanischen Viceregen getragen.[284] Da vor den Franzosen bzw. Spaniern die Staufer Sizilien kontrollierten, wurden dort Juden wohl ähnlich wie im Reich rechtlich als Reichskammerknechte betrachtet. Im Jahre 1421 erfahren wir jedoch von einer Sammelpetition der jüdischen Gemeinden an den neuen König Alfonso, in der u.a. Neubau und Restauration von Synagogen sowie der grundsätzliche Erwerb von Grund und Sklaven gefordert wird. Tatsächlich restaurierte Alfonso verschiedene Judenprivilegien, wobei besonders jüdische Ärzte deutlich von den Zugeständnissen der sizilianischen Könige profitierten.[285]

In mehreren Bänden stellt der Historiker Shlomo Simonsohn zahlreiche Regesten zu jüdischem Leben auf der Mittelmeerinsel zur Verfügung, die von den Lagumina Brüdern als Quellen ausgearbeitet wurden. Als äußerst interessant zeigen sich hier Quellen, die von einem Juden Anfang des 15. Jahrhunderts handeln, der einen ähnlich spektakulären Werdegang aufzuweisen hat wie wir es bei Elia di Sabbato gesehen haben. Kein geringerer als der Infante des Königs selbst empfiehlt zunächst in einem Schreiben im Jahre 1416 einen gewissen Juden Moyse Midui von Messina, der auch unter dem Namen Bonavogla bekannt ist, als künftigen

---

[283] Simonsohn: Scylla and Charybdis, S. 267ff.
[284] Goez: Italien, S. 180-185.
[285] Simonsohn: Scylla, S. 138f.

Rektor der Universität Padua.²⁸⁶ Dies ist insofern höchst erstaunlich, als wir anfangs herausgefunden haben, dass Juden der Zutritt zu den christlichen Universitäten normalerweise verboten war, ganz zu schweigen von der Position der Universitätsleitung. Mehr noch: 1419 wurde Bonavogla von den Vicereges schließlich auch zum Leibarzt König Alfonsos berufen und steigt so in die allerhöchsten Kreise der sizilianischen Herrschaft auf.²⁸⁷ Auch hier können wir sehen, wie die Privilegien, die ursprünglich nur den Hofjuden zugestanden waren, auch auf Familienangehörige und Glaubensbrüder ausgeweitet wurden. So erhielten z.B. Kollegen und u.a. der Großvater und -onkel Bonavoglas zahlreiche Privilegien, darunter eine Steuerbefreiung. Zudem wurde der Judenarzt zum obersten Richter der sizilianischen Juden bestimmt, was die Vizekönige sowohl Christen als auch Juden wissen ließen.²⁸⁸ Bonavogla stieg damit zum einflussreichsten Juden Siziliens auf, was er nicht zuletzt der engen Bindung an den Monarchen zu verdanken hatte. Der judenfreundliche König hatte offenbar so viel Vertrauen in seinen Arzt, dass er diesen sogar als Gesandten im Jahre 1436 an den Hof der Mameluken nach Ägypten schickte. Selbst nach dem Tod Bonavoglas 1446 n. Chr. wurden den Hinterbliebenen und Verwandten weiterhin viele Privilegien gewährt.²⁸⁹

Ab der Mitte des 15. Jahrhunderts deutete sich ein Kurswechsel der Judenpolitik auf Sizilien an, der nicht zuletzt auf der antijüdischen Haltung des neuen Papstes Nikolaus V. basierte. Auf sein Bestreben hin wurde der Nuntius Jakob Exarchi nach Sizilien entsandt, um dort unter König Alfonso eine Art Supervision der jüdischen Gemeinden durchzuführen.²⁹⁰ Neben der Überwachung setzte der päpstliche Gesandte die Bestimmungen des Laterankonzils durch: Er führte die Kennzeichenpflicht für sizilianische Juden wieder ein und untersagte jüdischen Ärzten das Behandeln von Christen fortan. Auch wurde es jüdischen Frauen verboten, sich wie Christinnen zu kleiden. Das Ignorieren dieser Bestimmungen wurde mit hohen Bußgeldern sanktioniert. Diese neue Politik rief insgesamt eine große Bestürzung der sizilianischen Juden hervor, woraufhin erneut Petitionsschreiben beim König eingingen. Doch diesmal erfolgten die Zugeständnisse des Königs nur gegen hohes Entgelt und die einst judenfreundliche Politik Aragóns wechselte in die rigorose Ausbeutung der Juden.²⁹¹

Erpressung, Isolation und Denunziation prägten daraufhin für alle Juden das ausgehende Spätmittelalter auf Sizilien, was sich in eine sukzessive Minderung der jüdischen Präsenz auf

---

[286] Ders.: The Jews in Sicily. Bd. 4 1415-1439. Leiden u.a. 2002, R. 1951.
[287] Ebd., R. 2044.
[288] Ebd., R. 2051f und R. 2056.
[289] Simonsohn: Scylla, S. 140f.
[290] Ders.: Apostolic See. Bd. 2, R. 776.
[291] Ders.: Scylla, S. 142-144.

Sizilien niederschlug. Häufig wurden die Judengemeinden auch Opfer der herrschaftlichen Willkür wie wir beispielsweise an Vizekönig Lopes Ximenes Durrea erkennen können. Dieser war nur gegen eine Bezahlung von 500 Unzen Gold bereit, den Judengemeinden Siziliens Pardon zu gewähren. Auch bezichtigte er eine Gruppe von Juden der Ketzerei, ließ die inhaftierten Juden foltern und nach ihrem Geständnis verbrennen. Letzten Endes trat hier die gleiche Politik zutage, wie wir sie ebenso in Aschkenas verfolgen konnten: Die christlichen Herrscher nehmen jede Gelegenheit wahr, Juden zu demütigen bzw. schikanieren und zu Entschädigungszahlungen zu zwingen. Auch in Sizilien wurden die Juden somit als königliche Melkkuh betrachtet. Umso verwunderlicher ist dann die Tatsache, dass die Jüdischen Gemeinden dennoch ihrem christlichen Herrscher gegenüber eine unerschütterliche Loyalität demonstrierten. So partizipierten sie beispielsweise an der Trauerfeier König Johns und an der Thronbesteigung König Ferdinands im Jahre 1479. Übrigens war es anscheinend auch üblich, dass jüdische Gemeinden der Diaspora den Herrscher ihrer Region ins Gebet einschlossen.[292]

Mit der ehelichen Verbindung von König Ferdinand und Königin Isabella griff deren judenfeindliche Politik auch auf Sizilien über. Dennoch lassen sich noch vereinzelt Belege von jüdischen Ärzten finden, wie beispielsweise von dem sephardischen Juden Salamone Sarpati, der wohl der Reconquista auf Spanien entgehen wollte und nach Sizilien floh. Die Vizekönige bestätigten in einem Schreiben von 1491 seine im Jahr 1488 erworbene Lizenz, die ihm zu Praktizieren erlaubte.[293] Auch wenn so manche Hofjuden privilegiert blieben ändert dies nichts daran, dass die intensivierten Bemühungen der Juden, Schutz und Privilegien seitens der christlichen Herrscher erneuern zu lassen, immer erfolgloser wurden. Stattdessen forderten die Spanier exorbitante Abgaben, um die Reconquista weiterfinanzieren zu können, wie wir es auch in Spanien selbst sehen werden. Das Ende dieses Kapitels ist die vollständige Vertreibung der sizilianischen Juden auf Ferdinands und Isabellas Anordnung hin im Jahre 1493, womit die jüdische Präsenz auf Sizilien endete.[294]

---

[292] Ebd., S. 152-154.
[293] Ders.: The Jews in Sicily. Bd. 8 1490-1497. Leiden u.a. 2006, R. 5397.
[294] Ders.: Scylla, S. 157-159.

7. Der Fall der Sephardim

Die Juden, die sich in Sizilien ansiedelten, stammten zu einem gewissen Teil auch aus Spanien. Daher soll sich unsere letzte Station mit der iberischen Halbinsel beschäftigten, wo sich ein beachtlicher Teil der jüdischen Diaspora wiederfand. Eine knappe Betrachtung der Sephardim, wie die Juden Spaniens genannt wurden, macht durchaus Sinn, herrschte hier doch eine ganz enge Verbindung zwischen Judentum und Medizin, wie wir erfahren haben. Auch darf nicht vergessen werden, dass nach den großen Vertreibungs- und Ausweisungs-wellen ein großer Zuwachs an Juden in Italien, Aschkenas und sogar in der Türkei und Holland einsetzte.[295] Auf der iberischen Halbinsel trafen im Mittelalter nach der Festigung der Maurenherrschaft die drei Weltreligionen unmittelbar aufeinander. Das Spätmittelalter Spaniens ist geprägt durch die Bemühungen der christlichen Königreiche, – allen voran Kastilien und Aragón – im Rahmen der propagierten Reconquista die Mauren von der Halbinsel zu vertreiben und die Kronen Spaniens zu einen. Dieser Krieg gegen den Islam wird allerdings durch die unbarmherzige Inquisition begleitet, die sich letztendlich im 15. Jahrhundert die vollständige Vertreibung von Muslime und Juden zum Ziel setzte.

7.1. Der Islam und das Judentum

Zu den arabischen Ländern des Mittelmeers hatten die Juden der Diaspora grundsätzlich kein schlechtes Verhältnis. Während für einige Juden Karl der Große mit der Kaiserkrönung das Erbe des römischen *Edom* – nach jüdischer Vorstellung das vierte und letzte Weltreich – antrat, so verkörperte die arabisch-muslimische Expansion für viele Juden des Mittelalters *Ismael*, eine neue Weltmacht unter dem Halbmond.[296] Der Pakt von Omar diente daraufhin als Legitimationsbasis des gemeinschaftlichen Zusammenlebens von Juden und Muslimen, auch in den islamisch besetzten Gebieten Spaniens, nachdem die Westgoten ab 711 n. Chr. aus Spanien vertrieben wurden. Nach der arabischen Auffassung waren Juden schlichtweg als *dschizya* zu behandeln, was so viel wie nichtmuslimischer Schutzbefohlener heißt. Das Vertragswerk trägt den Namen des Kalifen Omar I. und entstand vermutlich im 9 Jahrhundert. Es kann durchaus als Pendant zur christlichen Kammer-knechtschaft gesehen werden. Auch hier lesen wir repressive Bestimmungen heraus: U.a. wurde den Juden der Neu- oder Ausbau von

---

[295] Vgl. Efron: German Jews, S. 28.
[296] Johann Maier: Judentum, S. 385.

Synagogen untersagt, ähnlich wie im Laterankonzil 1215 wurden hier bereits Kennzeichen der äußerlichen Unterscheidung verlangt, Moslems mussten stets bewirtet und als Gäste beherbergt werden, den Juden war das Tragen von Waffen untersagt und eine Konversion war nur zum Islam möglich.[297]

Diese restriktiven Erlasse standen einer gewissen jüdischen Selbstverwaltung im islamischen Machtbereich gegenüber. Während im christlichen Europa Hofjuden mehr oder weniger als inoffizielle jüdische Gemeindevertreter fungierten, schuf man im Orient das eigene Amt des Exilarchen. Bereits unter den Parthern repräsentierte der Exilarch mehr oder weniger als Führer bzw. Fürst die jüdische Gemeinde in Babylon und wurde auch von vielen Juden des Mittelmeers als legitimierter Führer anerkannt. Unter sämtlichen muslimischen Herrscherdynastien genoss der Exilarch große Privilegien und Vorrechte zu Hofe, auch besaß er einen eigenen Hofstaat. Er wurde oftmals auch *Nagid*[298] genannt, wobei dieser eigentlich das von den Fatimiden eingeführte Amt des Oberhaupts der ägyptischen Juden meint. Nach 1096 n. Chr. wurde auch ein eigener *Nagid* u.a. für das maurische Spanien, Syrien und Palästina bestimmt. Auch wenn der Exilarch zunehmend zu einer Symbolfigur verkam, so bestimmte er dennoch jüdische Richter und die *Geonim*. Letztere begegneten uns schon in einem früheren Kapitel im Zusammenhang mit Talmudschulen, deren Leiter und Richter sie waren. Die Akademien in Sura und Pumbedita genossen allerhöchste innerjüdische Autorität, beide Schulen waren quasi als höchste Gerichtshöfe des Judentums zu verstehen.[299]

Neben der gewissen Autonomie, die ihnen innerhalb des arabischen Einflussbereiches eingeräumt wurde, erlebten jüdische Ärzte und Gelehrte gerade in Al-Andalus eine Blütezeit der Literatur, Philosophie und Theologie, die aus den wechselseitigen Beziehungen der muslimischen und jüdischen Kultur resultierte und seit dem 19. Jahrhundert in der Literatur als ‚Goldenes Zeitalter' bezeichnet wird. Eingeleitet wurde diese Phase der jüdischen Hochkultur unter den omayyadischen Kalifen von Córdoba Abd al-Rahman III. und seinen jüdischen Wesir Chasdaj ibn Schaprut, der zugleich *Nagid* des spanischen Kalifats war.[300] Menahem Ben-Sasson macht allerdings darauf aufmerksam, dass der Begriff ‚Goldenes Zeitalter' durchaus kritisch zu betrachten ist und sich eher auf hebräische Dichtung und Literatur bezieht. Gleichwohl wurde den andalusischen Juden stets eine besondere Rolle zuteil. Fest steht auch,

---

[297] Vgl. Schoeps, Julius und Wallenborn, Hiltrud (Hrsg.): Juden in Europa. Ihre Geschichte in Quellen. Band1: Von den Anfängen bis zum späten Mittelalter. Darmstadt 2001, Quelle 104 und Cohen: Kreuz und Halbmond, S. 68ff.
[298] Bashan, Eliezer und Baraket, Elinoar: „Nagid". EJ², Bd. 14, S. 729-733.
[299] Johann Maier: Judentum, S. 388f.
[300] Barnavi, Stern: Universal Geschichte, S. 100.

dass in der Blütezeit von Al-Andalus viele Juden als Hofbeamte eingesetzt wurden und der politische bzw. kulturelle Einfluss der jüdischen Gemeinden somit eine Aufwertung erfuhr. Ferner konnten sich die jüdischen Gemeinden von Israel, das auch in der Diaspora für viele Juden ein Bezugspunkt blieb, lossagen und Autonomie demonstrieren. Auch die medizinische Ausbildung von jüdischen Ärzten profitierte von dieser kurzen Phase der jüdischen Entfaltungsmöglichkeit in Spanien.[301]

Der arabische Machtbereich ist auch ein Beispiel für die weit verbreitete These, dass das Leben und die Existenz von Juden in der Diaspora grundsätzlich erträglicher war, wenn ein eine gute Beziehung zu den Zentralgewalten aufgebaut wurde. Überhaupt waren zentralistische Systeme für Juden meist förderlicher als Partikularismus.[302] Im Falle von Al-Andalus lässt sich erkennen, dass hier wirtschaftlicher Wohlstand durch sichere Rahmenbedingungen ermöglicht wurde. Ebenso lassen sich im islamischen Raum Hofjuden ausmachen wie z.B. der vorhin erwähnte Ibn Schaprut, der als großer jüdischer Arzt des ‚Goldenen Zeitalters' genannt werden darf. Ben-Sasson betont allerdings, dass die andalusischen Hofjuden allerdings nur temporär und vereinzelt einflussreich waren. Auch die medizinischen Schriften orientierten sich immer noch stark an dem Irak und erst im 12. Jahrhundert wurde Spanien ein Zentrum wissenschaftlichen Schrifttums.[303] Das Ende dieser Ära läutete ab dem 12. Jahrhundert der Herrschaftsantritt der Almohaden ein, deren judenfeindliche Politik sämtliche Juden zur Flucht zwang, wie wir es am Beispiel von Maimonides bereits gesehen haben. Auch wenn die christlichen Königreiche, die häufig Ziel der fliehenden Juden aus Al-Andalus waren, zu dieser Zeit noch eine tolerante Haltung bewahrten, so blieb die literarische Blütezeit des sogenannten Goldenen Zeitalters dort unerreicht.[304]

7.2. Die Juden der spanischen Königreiche

Das Spätmittelalter läutete eine schicksalhafte Epoche für die spanischen Juden ein. Die Außenpolitik ihrer Schutzherren, der christlichen Könige Spaniens, stand ganz unter dem Stern der sogenannten Reconquista, der militärischen Vertreibung der muslimischen Besatzer. Mit der stetig voranschreitenden Rückeroberung der iberischen Halbinsel versuchte die katho-

---

[301] Ben-Sasson, Menahem: Al-Andalus: Das „Goldene Zeitalter" der spanischen Juden – kritisch besehen. In: Christoph Cluse (Hrsg.): Europas Juden im Mittelalter. Beiträge des internationalen Symposiums in Speyer vom 20.-25. Oktober 2002. Trier 2004. S. 139-153, hier: S. 140-142 und S. 147.
[302] Johann Maier: Judentum, S. 387.
[303] Ben-Sasson: Goldenes Zeitalter, S. 147f.
[304] Barnavi, Stern: Universal Geschichte, S. 101.

lische Kirche zudem mit Hilfe der Inquisition, aus dem werdenden spanischen Königreich ein rein katholisches zu formieren. Gleich zu Beginn des 15. Jahrhunderts werden zahllose Sephardim mit gewaltsamen Unruhen auf der gesamten Halbinsel konfrontiert. Spanien ist daher ein gutes Beispiel, wie strukturiert und kontinuierlich christliche Herrscher die Vertreibung von Muslimen und Juden propagieren, planen und umsetzen konnten.

Ähnlich wie in Teilen Italiens und wesentlich wie im Reich waren auch hier die Juden als Kammerknechte des königlichen Fiskus deklariert. Wie in Aschkenas haben die spanischen Juden sich ergo bemüht, eine möglichst enge Bindung mit den christlichen Fürstenhöfen einzugehen. In Spanien scheint dieser enge Kontakt mit der christlichen Gesellschaft besonders gut gelungen zu sein: Battenberg berichtet, dass z.B. dort interkulturelle Heiraten und Konversionen in beide Glaubens-richtungen kein unüblicher Sachverhalt waren.[305] Auch die spanischen Könige bemühten sich um die Anwesenheit von Hofjuden, denen sie mitunter größtes Vertrauen entgegenbrachten. Sie waren Leibärzte, Kämmerer, Astrologen und Autoren im Auftrag des Hofes. Vor allem als königliche Berater konnte so manch sephardischer Jude zu erheblichen Einfluss gelangen. Anders als in anderen Regionen Europas waren Hofjuden in Spanien ein hervorragendes Mittel zum Zweck, da die christlichen Königreiche ständig im militärischen oder wirtschaftlichen Kontakt zu den muslimischen Reichen standen und Juden meist über fundierte Kenntnisse beider Kulturkreise und Sprachen besaßen.[306]

Die Lage änderte sich allerdings zunehmend ab dem 14. Jahrhundert zu Ungunsten der Juden, als sich erste Anzeichen zu Abgrenzungs- und Isolationstendenzen bemerkbar machten, vor allem vorangetrieben durch die Kirche. So verpflichtete auch das Konzil von Zamora beispielsweise im Jahre 1313 zum Tragen bestimmter Kennzeichen für Juden zur Unterscheidung von christlichen Bevölkerungsteilen. Auch Schuldentilgungen im großen Stil, wie wir es etwa bei König Wenzel gesehen haben, waren in Spanien ebenfalls üblich, womit u.a. die Reconquista finanziert werden konnte. Interessanterweise reagierten die Sephardim daraufhin jedoch nicht mit Selbstisolation und Abwanderung, sondern mit einer noch größeren Öffnung hin zur christlichen Gesellschaft, viele zogen sogar die Taufe bzw. Konversion zum Christentum vor.[307] Diese Massentaufen bzw. -konversionen sind in der hebräischen Geschichtsschreibung daher bekannt als die Zeit der Marranen oder auch *Anussim,* wie sie sich nannten.[308]

---

[305] Battenberg: Zeitalter der Juden, S. 127.
[306] Leroy, Béatrice: Die Sephardim. Geschichte des iberischen Judentums. München 1987, S. 72-76.
[307] Ebd., S. 128f.
[308] ‚Konvertierte durch Zwang' Barnavi, Stern: Universal Geschichte, S. 114.

7.2.1. Conversos und Exil

Das Lebensumfeld der spätmittelalterlichen Juden Spaniens kann nicht abgehandelt werden, ohne ein Charakteristikum zu erwähnen, dass einzigartig in der Geschichte der europäischen Juden ist: a) Die königlich und kirchlich motivierte Ausweisung der gesamten spanischen Juden und b) die gewaltige Anzahl an Konversion zum Christentum.

Anstoß gegeben haben neben den kirchlichen Bestimmungen des uns bekannten Laterankonzils antijüdische Unruhen in ganz Spanien gegen Ende des 14. Jahrhunderts. Im Jahre 1391 brach ein Aufstand in Sevilla aus, der auf die Brandschatzung und Verwüstung der *Juderia*, das jüdische Viertel Sevillas, abzielte. Der Aufstand griff rasch auf ganz Spanien über und Tausende Juden verloren bei Massakern u.a. in Kastilien und Aragón ihr Leben. Battenberg betont, dass die Unruhen von 1391 jedoch nicht vom Königtum organisiert oder initiiert wurden, sondern ein eigendynamisches Produkt des Pöbels waren, der von der Kirche gegen die Juden aufgewiegelt wurde.[309] Miguel Quesada ergänzt, dass die Ursache dieses Aufstandes in Destabilisierung und Veränderung der gesellschaftlichen bzw. politischen Lage Kastiliens zu suchen ist, die letztendlich in eine Gewaltexplosion mündete.[310] Es gibt allerdings auch die These, dass es sich bei diesen Unruhen schlicht um Bauernaufstände handelt, die in dieser Form zeitgleich in vielen Regionen Europas zu registrieren waren. Fest steht jedoch, dass der erneute Ausbruch der Unruhen zwischen 1412 und 1418 Hetzpredigten der Kirche geschuldet ist, die die christliche Bevölkerung anstachelten und bei denen immer wieder der Name eines berüchtigten Predigers auftaucht: Der Dominikaner Vicente Ferrer.[311]

---

[309] Battenberg: Zeitalter der Juden, S. 130-132.
[310] Quesada, Miguel Ángel Ladero: Kastilien: Ein Überblick (13. Bis 15. Jahrhundert). In: Christoph Cluse (Hrsg.): Europas Juden im Mittelalter. Beiträge des internationalen Symposiums in Speyer vom 20.-25. Oktober 2002. Trier 2004. S. 167-179, hier: S. 172.
[311] Leroy: Sephardim, S. 90-92 und Barnavi, Stern: Universal Geschichte, S. 114.

Zwar predigte er nicht die Massaker an spanischen Juden, aber mit seiner Forderung, jene zum rechten Glauben zu zwingen, rief er eine massive Bewusstseinsänderung der spanisch-christlichen Gesellschaft hervor.[312] Anlass für diese Predigten war das von Ferrer angeregte und für die Juden Spaniens schicksalhafte Religionsgespräch von Tortosa im Jahre 1412, dem u.a. der König von Aragón Ferdinand I. und Gegenpapst Benedikt XIII. bewohnten. Ziel war es, im Rahmen einer christlich-jüdischen Podiumsdiskussion die Öffentlichkeit von der Haltlosigkeit des jüdischen Glaubens bzw. von dem wahren christlichen Glauben zu überzeugen.

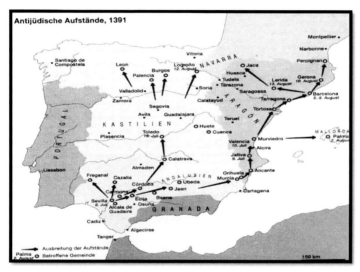

Abb. 22
Karte Spaniens mit den Aufstandsbewegungen von 1391

Was als öffentlicher Disput inszeniert war, entpuppte sich rasch als Hasstirade gegen das Judentum mit der Forderung, sämtliche Sephardim zu bekehren. Unterstützt wurden diese Forderungen durch die Teilnahme vieler Geistlichen und Konvertiten.[313]

Das Resultat dieser Hetzpredigten und Verfolgungswellen waren unzählige Konversionen von Juden, was ein einmaliges Phänomen des jüdischen Mittelalters darstellt. Die Forschung schätzt, dass etwa 50.000 Neuchristen das Resultat dieser Unruhen waren, begleitet von restriktiven Gesetzen gegen die verbleibenden Juden, die noch nicht konvertiert waren.[314] Das Gros dieser *Conversos* oder Marranen, wie man sie nannte, fand sich allerdings in Kastilien.

---

[312] Battenberg: Zeitalter der Juden, S. 130.
[313] Vgl. Ebd., S. 133 und Leroy: Sephardim, S. 94f.
[314] Quesada: Kastilien, S. 172f.

Selbst nach dem Übertritt zum Christentum hatten die Conversos allerdings kein leichtes Spiel: Die kollektive Konversion erbrachte nicht den erhofften gesellschaftlichen Aufstieg, die Marranen waren immer noch der Antipathie der Altchristen ausgesetzt und wurden von den verbleibenden Juden als Verräter angesehen. Diese überaus verzwickte Situation und das entstandene Integrationsproblem der Conversos innerhalb der spanischen Gesellschaft ist übrigens immer noch Gegenstand der Forschung, die ferner eine genauere Differenzierung bezüglich Konversionsmotiven verlangt.[315] Überwacht und geprüft wurden die Massenkonversionen durch den spanischen Großinquisitor Thomas de Torquemada, der eigens für Marranen ein Spitzelsystem installierte und uneinsichtige Conversos auf den Scheiterhaufen verbannte. Diese grausame Vollstreckung des kirchlichen Willens wurde von Juden und Conversos mit Bestürzung aufgefasst, was daraufhin zu einem großen Solidarisierungsprozess unter den Sephardim führte.[316]

Ehe die Sonderrolle jüdischer Ärzte vor diesem leidvollen historischen Hintergrund der beleuchtet wird, sollen nun exemplarisch anhand von drei spanischen Königreichen historisch-kulturelle Hintergrund-informationen zu spanischen Juden skizziert werden.

7.2.2. Aragón

Jüdische Bevölkerungsteile waren schon sehr lange im Ebrotal bezeugt und bereits im 8. Jahrhundert lassen sich dort jüdische Siedlungen ausmachen. Die Juden Aragóns standen bis zum 12. Jahrhundert unter muslimischer Kontrolle. Die Almohaden, die Maimonides ebenfalls das Leben schwer machten, trugen zu einer anti-jüdischen Politik bei, sodass nach eher günstigen Rahmenbedingungen erste Abwanderungs- und Emigrationswellen in die christlichen Königreiche einsetzten. Hier können wir wieder den Bogen zu einem anfänglichen Kapitel schlagen: Durch die Wanderungsbewegungen vollzog sich ein fließender Transfer von arabischem Wissen, darunter auch das der Heilkunde, in die christlichen Reiche, wo anschließend die arabische Literatur ins Lateinische übersetzt wurde.[317] Dies belegt auch, dass

---

[315] Meyuhas Ginio, Alisa: Self-Perception and Images of the Judeoconversos. In: Frank Stern und Shulamit Volkov (Hrsg.): Tel Aviver Jahrbuch für deutsche Geschichte, Bd. 22. Tel Aviv 1993, S. 127-152, hier: S. 128-131.
[316] Battenberg: Zeitalter der Juden, S. 134.
[317] Martínez, Asunción Blasco: Aragón: Christen, Juden und Muslime zwischen Koexistenz und Konflikt. In: Christoph Cluse (Hrsg.): Europas Juden im Mittelalter. Beiträge des internationalen Symposiums in Speyer vom 20.-25. Oktober 2002. Trier 2004. S. 154-166, hier: S. 154.

gerade jene Binnenwanderung der Juden maßgeblich zu einem Wissenstransfer zwischen Okzident und Orient beitrugen.

Im 12. Jahrhundert zogen die Eroberer der Reconquista nach Aragón und die Sephardim mussten fortan einem christlichen Herrscher untertan sein. Sie wurden als Besiegte und königliche Schutzbefohlene behandelt. Daraus wurden Autonomie und Freiheit von Juden absolut vom König abhängig. Dennoch wurden im 12. Jahrhundert erste Judengemeinden mit Synagogen und Friedhöfen in Städten gegründet. Zudem wurden Juden in nicht geringer Zahl als Verwalter und Hofbeamte herangezogen, da man offenbar deren hohen Bildungsgrad sowie die tief greifenden Kenntnisse über Sprache und Region schätzte. Auch für die Juden Aragóns hat sich daher der Begriff ‚Goldenes Zeitalter' für die Zeit von 1213 bis 1283 n. Chr. etabliert, in der auch viele Hofjuden u.a. als Ärzte und Dolmetscher fungierten. Der Autor Asunción Martinez nennt als Grund hierfür den eklatanten Mangel qualifizierten Personals an den christlichen Höfen.[318]

Mit dem Laterankonzil von 1215 wendete sich allerdings das Blatt. Synchron zu den kirchlichen Repressionsbestimmungen kehrte Frieden in die Region ein, da die islamischen Reiche immer mehr an Land verloren hatten. Obwohl sich eine jüdischer Zu- statt Abwanderung abzeichnete, sorgte der wachsende Druck der Kirche für eine Abkühlung der christlich-jüdischen Beziehungen in Aragón, was die Isolation von jüdischen Gemeinden und eine Ghettoisierung zur Folge hatte. Spätestens nach den Unruhen von 1391 verbreitete sich allerdings das Gefühl der Unsicherheit und allgemeines Misstrauen. Das 15. Jahrhundert markierte somit auch für die Juden Aragóns eine Ära der Ablehnung und Vertreibung. Wie vielerorts in Spanien beschloss Papst Benedikt XIII. auch hier die Schließung von Synagogen und die Konfiskation von Talmud-Exemplaren. Spätestens unter König Ferdinand I. konnten die Juden nur noch eine Wahl zwischen Konversion und Auswanderung treffen, zumal der grassierende Pauperismus die Juden für den königlichen Fiskus nunmehr uninteressant machte. 1492 n. Chr. wurden auch die letzten Juden Aragóns auf Beschluss von Großinquisitor Thomas de Torquemada endgültig vertrieben.[319]

Trotz des raschen Wandels von Duldungs- zu Vertreibungspolitik der christlichen Herrscher betont Martinez, dass die sozio-ökonomische Situation der Juden in Aragón weit besser gewesen sei als etwa in mitteleuropäischen Regionen, da quasi jede größere bzw. mittlere Stadt ein Judenviertel aufwies und eine solide Wirtschaftsstruktur jüdische Existenzformen

---

[318] Ebd., S. 159f.
[319] Ebd., S. 160-164.

begünstigte.[320] Diese Möglichkeit der Entfaltung steht allerdings mehr als konträr zu den geschilderten Entwicklungen, da offensichtlich sowohl von königlicher als auch von kirchlicher Seite aus der einst friedvolle Koexistenz zwischen Christen und Juden kein Wert mehr beigemessen worden war.

7.2.3. Kastilien

Ähnlich wie in Aragón lassen sich Spuren von bedeutenden jüdischen Gemeinden schon früh sowohl unter muslimischer als auch unter christlicher Herrschaft in der kastilischen Region finden. Auch hier wurden Juden als Vasallen und Zugehörige des königlichen Fiskus betrachtet, wodurch die Juden Kastiliens nicht selten unter hohen Steuern und Abgaben litten. Aber auch hier tritt das Phänomen zutage, dass die Herrscher gerne Hofjuden um sich scharten. Bis 1474 n. Chr. sind in Kastilien viele königliche Ärzte und Schatzmeister bezeugt.[321] Übrigens gibt Alisa Meyuhas Ginio an, dass in Kastilien wohl die meisten Juden Spaniens im Mittelalter lebten.[322]

Wieder ist es allerdings das Laterankonzil, das eine Verschlechterung der Judenpolitik ab dem 13. Jahrhundert generierte. Kastilien ergriff daraufhin im 14./15. Jahrhundert wesentliche antijüdische Maßnahmen, woraufhin Juden der Zugang zu öffentlichen Ämtern verwehrt blieb und andere berufliche Eingrenzungen in Kraft traten. Dies geschah in einer Zeit, in der Kastilien ab 1348 n. Chr. von Pest, Krieg und Krisen heimgesucht wurde, sodass die folgende wirtschaftliche Depression eine verhärtete Haltung den Juden gegenüber stärkte. Dieser aus Antipathie resultierende Antijudaismus nährte sich vor allem aus den stereotypen Annahmen, die Juden hätten ein Finanzmonopol inne und eine privilegiertere Hofstellung. Selbst der unter König Alfonso XI. vehement erhaltenen Judenschutz konnte nicht verhindern, dass seitens der Christen somit die Forderung nach Schuldminderung bei Juden laut wurde.[323]

Insgesamt waren die Abläufe, mit der die Vertreibung und Ausgrenzung der Sephardim einhergingen, in allen Regionen Spaniens erschreckend ähnlich. Im Rahmen der Verfolgungswellen zwischen 1391 und 1418 n. Chr. wurden in Kastilien um 1412 n. Chr. restriktive Gesetze gegen Juden erlassen, die u.a. eine Kleidungsordnung bzw. die Kennzeichenpflicht,

---

[320] Ebd., S. 161.
[321] Quesada: Kastilien, S. 167f.
[322] Meyuhas Ginio: Judeoconversons, S. 129.
[323] Quesada: Kastilien, S. 171f.

separierte Judenviertel und zahlreiche Berufsverbote von typisch jüdischen Tätigkeiten wie Schatzmeister oder Arzt vorsahen. Auch Auflagen gegenüber der christlichen Bevölkerung traten nun in Kraft, so durften etwa keine christlichen Frauen das Judenviertel betreten. Ähnlich wie im spätmittelalterlichen Aschkenas verloren die Juden hierauf das Vertrauen zum König und dessen Schutzgarantien, woraus man den Schluss zog, lokale Adlige und Fürsten könnten besseren Schutz garantieren. Wunderlicherweise wirkte sich die Politik Isabellas und Ferdinands zunächst stabilisierend auf die Region Kastiliens aus und bis 1492 herrschten keine Anzeichen von Gewalt. Dann endet jedoch mit dem Auftreten des bereits erwähnten Thomas de Torquemada das Kapitel der Juden in Kastilien, der den Regenten Spaniens erfolgreich die Parole antrug, dass der Zusammenhalt Spaniens nur durch Einheit im Glauben garantiert werden könne.[324]

7.2.4. Navarra

Navarra bietet ein weiteres Beispiel dafür, wie tief der Fall der sich anfangs prächtig entfaltenden jüdischen Kultur sein konnte. An Navarra kann auch die für Spanien charakteristische Gemeindestruktur der Juden aufgezeigt werden, die *Aljama*.[325] Für die Juden Navarras war Tudela die wichtigste jüdische Gemeinde, daneben lebten sie in über 50 Ortschaften und 5 Aljamas, insgesamt machten sie etwa 8,5 % der Gesamtbevölkerung aus. Gerade die Aljamas erwiesen sich als unverzichtbare Steuereinnahmequelle für die christlichen Herrscher. Im Gegenzug oblag einer Aljama die Autonomie der talmudischen Gesetzgebung, es durften eigene Rabbiner-Gerichte einberufen werden, wobei immer die Möglichkeit bestand, auch vor das christliche Gericht zu ziehen. Grundsätzlich schienen die Rahmenbedingungen für jüdische Existenz nicht die schlechtesten gewesen zu sein, denn generell war in Navarra sowohl Juden als auch Muslimen der Erwerb von Land gestattet. Trotzdem wuchs die fiskale Belastung ab dem 14. Jahrhundert gerade unter Karl II. stetig.[326]

---

[324] Ebd., S. 173-177.
[325] Als *Aljama* (aus dem arabischen *al-Jamāʿa*) wurde eine autonome jüdische oder maurische Gemeinde im mittelalterlichen Spanien bezeichnet. Eine jüdische Aljama unterlag dem jüdischen Gesetz und ihre Autonomie wurde von den Regionalherrschern anerkannt. Der Begriff wurde auch zum Teil in Sizilien und Süditalien angewandt. „Aljama". EJ², Bd. 1, S. 661.
[326] Carrasco, Juan: Navarra: Juden als die „andere Buchreligion" (ca. 1000-1498). In: Christoph Cluse (Hrsg.): Europas Juden im Mittelalter. Beiträge des internationalen Symposiums in Speyer vom 20.-25. Oktober 2002. Trier 2004. S. 180-192, hier: S. 182-187.

Ärzte konnten sich in Navarra ebenfalls profilieren, denn sie pflegten als Hofjuden spanische Fürsten und Könige wie etwa Josef Orabucha, der Leibarzt Karls II. und Karls III. war oder Josef Ezquerra, der mit Privilegien und Steuerbegünstigungen versehen wurde. Überhaupt waren es wohl jüdische Ärzte, die am längsten der Vertreibungs- und Konversionspolitik der spanischen Herrscher standhalten konnten. So lesen wir von einen Magister Abraham *çirurgio*, der noch zum Ende des 15. Jahrhunderts als städtischer Verwalter in der Stadt Toledo eingesetzt worden war.[327] Doch sind wirklich alle jüdischen Ärzte in Spanien bevorzugt behandelt worden und ging es ihnen im Vergleich zu anderen europäischen Regionen tatsächlich besser, trotz Reconquista und Inquisition?

7.3. Jüdische Ärzte in Spanien

Blicken wir in die von Fritz Baer bereitgestellten Quellen zu jüdischen Heilkundigen in Spanien, finden wir nicht nur eine beachtliche Anzahl von Berichten, sondern können uns durchaus den Rückschluss auf die Forschungsthese erlauben, jüdischen Ärzte sei auf der iberischen Halbinsel durchaus eine gewisse Sonderrolle innerhalb der Gesellschaft zugebilligt worden. Trotz der kirchlich motivierten Unruhen und der anschließenden Sanktionen gegenüber der jüdischen Bevölkerung lassen sich bis zur kollektiven Ausweisung zum Ende des 15. Jahrhunderts an sämtlichen Höfen durchweg Hofjuden finden. Selbst im Rahmen der repressiven Judenverordnungen wurden jüdische Ärzte bei Hofe immer wieder Privilegien und Schutzbriefe gewährt, denn grundsätzlich schätzte man die Fähigkeiten und Kenntnisse von Moslems und Juden außerordentlich.[328] Wir lesen beispielsweise von dem *chirurgicus* Juneç Trigo aus Zaragoza, der im Jahre 1391, also noch vor den gewaltsamen Aufständen in Sevilla, von Königin Violante mit Privilegien belohnt wird: Juneç sowie seine nächsten Angehörigen sollen „in Anbetracht der Verdienste […] und wegen seiner selbstlosen Hingabe für die Einwohner seiner Stadt […] nicht in stärkerem Maße zu den Steuern der Aljama herangezogen werden"[329]. Auch nach den Unruhen von 1391 sind es anscheinend die Ärzte, die weiterhin ungestört ihre Tätigkeit ausüben und Prüfungen absolvieren bzw. die erforderlichen Lizenzen erwerben durften. In Barcelona erteilte Juan I. 1395 n. Chr. dem Judenarzt Ferrarius Saladi die Lizenz zum Praktizieren, nachdem dieser in der Stadt Fraga erfolgreich durch

---
[327] Ebd., S.
[328] Schipperges, Heinrich: Zur Sonderstellung der jüdischen Ärzte im spätmittelalterlichen Spanien. In: Sudhoffs Archiv, Bd. 57/2 (1973), S. 208-2011, hier: S. 208.
[329] Baer: Juden in Spanien, R. 400.

Magister Andreas Dabella und Magister Astruch Rimoch geprüft und für tauglich befunden worden war. Die Prüfung wurde überdies auf Empfehlung des Grafen von Prades hin abgenommen.[330] Übrigens wird hier auch deutlich, wie in Spanien offenbar großer Wert darauf gelegt wurde, dass – wie in Kapitel 4 beschrieben – zumindest ein jüdischer (Mag. Astruch Rimoch) und ein christlicher (Mag. Andreas Dabella) Arzt bei einer Medizinprüfung zugegen war.

Wenn wir bedenken, dass bereits im Jahre 1335 jüdischen und muslimischen Ärzten die Behandlung von Christen strengstens untersagt war, finden wir immer wieder bemerkenswerte Ausnahmeregelungen für Judenärzte. Der eben erwähnte Juan I. beschloss anno 1387 zwar, dass sich weder Juden noch Mauren in einem christlichen Haushalt aufhalten dürfen, Ärzte jedoch von dieser Regelung ausgeschlossen seien. Zudem wurden bewährte Ärzte anscheinend vorzugsweise als oberste Richter der Aljamas eingesetzt. Dass Herrscher mit Vorliebe loyale Hofjuden als Richter in der jüdischen Gemeinde installierten, kennen wir allerdings ebenso als typisches Phänomen aus anderen Regionen Europas. Abgesehen von dieser Sonderrolle des Arztes scheint es auch durchaus Unterschiede hinsichtlich antijüdischer Haltungen bei den christlichen Herrschern gegeben zu haben, sodass für Ärzte häufig Kompromissformen als Bestimmungen existierten. Juan II., der eine strikt antijüdische Politik verfolgte, fasste zum Beispiel 1443 n. Chr. den Beschluss, dass das allgemeine Behandlungsverbot von Christen ignoriert werden konnte, sofern sich der jüdische Arzt die Arznei und Medizin von einem christlichen Apotheker herstellen ließ. Juan II. ist zudem abermals ein Beispiel für die in Europa charakteristisch ambivalente Judenpolitik der Fürsten: Auf der einen Seite zeichnete ihre Politik die Ausbeutung und das Schikanieren der Juden, auf der anderen Seite sind Juden ihnen willkommene Angehörige des Hofes. So hielt sich auch Juan II. mit Hasdai Crescas einen jüdischen Gelehrten aus Barcelona als Leibarzt.[331]

Genauso finden wir aber judenfreundlich anmutende Herrscher, wie etwa König Alfonso V. von Aragón, der sich als relativ gutmütig erwies, wie wir einer Quelle aus Barcelona vom Jahr 1419 entnehmen können. Nachdem die Aljamas von Aragón im Rahmen der grassierenden Unruhen von restriktiven Maßnahmen betroffen wurden, richteten sie eine Petition an Alfonso V., die u.a. die Rückgabe der konfiszierten Talmud-Exemplare, der jüdischen Gerichtsbarkeit und der Synagogen forderte. Ferner wurde eine Aufhebung des Verbots judentypischer Berufe wie Arzt, Wechsler oder Steuerpächter verlangt sowie eine Lockerung der Kleidungs- und

---

[330] Ebd., R. 459.
[331] Schipperges: Sonderstellung, S. 209f.

Kennzeichenpflicht. Aragóns König kam den Begehren der Aljamas nach und bewilligte die Forderungen.[332]

Mit der christlich-theologischen Vollendung der Reconquista in Form der beginnenden Inquisition in Sevilla 1481 n. Chr. begann jedoch auch für die jüdischen Ärzte eine schwierige Zeit. Viele Juden sahen sich nun mit einer judenfeindlichen Politik konfrontiert, wie etwa in Valencia im Jahre 1483, wo König Ferdinand sämtliche an Juden erteilte Privilegien zusammenstrich. Erstaunlicher Weise nahm selbst Ferdinand bei seiner Ausweisungspolitik Rücksicht auf Ärzte und ernannte beispielsweise den jüdischen Chirurgen Juce Atorcar zum obersten Vorsteher der Judengemeinde, um die Auflösung der betreffenden Aljama adäquat kompensieren zu können.[333] Die von Isabella und Ferdinand eingesetzten Inquisitoren konnten nunmehr nur durch Intervention der christlichen Herrscher selbst daran gehindert werden, auch die letzten verbliebenen Judenärzte zur Konversion oder Ausweisung zu zwingen. Zumindest ist dies der einzig plausible Grund, weshalb sich tatsächlich bis zur Massenausweisung noch immer jüdische Ärzte nachweisen lassen, wie etwa der Jude Abraham Zacut, der noch im Jahre 1492 noch in Salamanca und Zaragoza tätig war.[334]

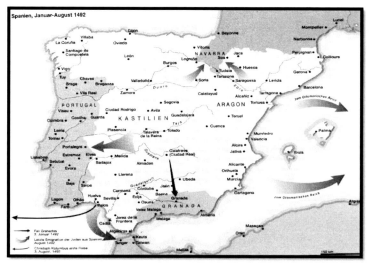

Abb. 23
Karte Spaniens mit den Emigrationsströmungen von 1492.

---

[332] Baer: Juden in Spanien, R. 527.
[333] Ebd., R. 557f.
[334] Schipperges: Sonderstellung, S. 210.

1492. n. Chr., noch bevor Christopher Kolumbus seine Entdeckungsreise antrat, war die letzte muslimische Hochburg in Granada gefallen, die Herrschaft der Sarazenen in Spanien begraben und die Reconquista siegreich beendet. Im Glanze dieser welthistorischen Ereignisse fassen Inquisition sowie das Königspaar Isabella und Ferdinand einen verhängnisvollen den Beschluss, alle spanischen Juden, welche in den Augen der Kirche eine Bedrohung für die neue christliche Einheit des Königreich Spaniens darstellten, restlos auszuweisen und zu vertreiben. Mit der Verkündung des berüchtigten Edikts zur Vertreibung der Juden im April 1492 wurden alle Sephardim, die nicht bereits konvertiert waren, angewiesen, Spanien und Sizilien zu verlassen. Somit endet die Geschichte der Juden Spaniens und es begann für knapp 150.000 Juden eine lange Reise, auf die sich neben Handwerker und Geldhändler selbstverständ-lich auch Ärzte begaben. Etwa 50.000 konvertierten und ca. 20.000 verloren durch die Vertreibung ihr Leben. Die Ziele der Flüchtlinge waren das neu entstandene Portugal und Sizilien, ehe sie auch dort unter dem Druck der spanischen Krone ausgewiesen wurden. Von dort aus zerstreuten sie sich in sämtliche Regionen Europas und in die Territorien des erstarkenden osmanischen Reichs.[335]

---

[335] Barnavi, Stern: Universal Geschichte, S. 120 und Battenberg: Zeitalter der Juden, S. 136.

8. Resümee – Möglichkeiten des Vergleichs

Wie wir gesehen haben, brachten sich Juden in ein Tätigkeitsfeld ein, dass von der europäischen Gesellschaft des Mittelalters zunächst geschaffen werden musste. Die mittelalterliche Medizin entpuppt sich bei näherem Betrachten als eine weitergeführte Variante des antiken Medizinverständnisses. Dies erklärt auch, weshalb Hippokrates und Galen unangefochtene Autoritäten der Medizin während des gesamten Mittelalters blieben, ehe Humanismus und Renaissance neue entscheidende Kenntnisse im Bereich der Anatomie hervorbrachten. Dennoch wurden Bestrebungen angestellt, dem rasch wachsenden Bedarf an medizinischem Personal entgegenzukommen, indem aus der Medizin eine Wissenschaft generiert und ein geregeltes Verfahren zur medizinischen Ausbildung geschaffen wurde. Dies war zwingend notwendig, da wir erfahren haben, dass die Klostermedizin nicht alleine in der Lage war, dieses wertvolle antike Wissen weiter zu bewahren und zu tradieren. Das neu formierte säkularisierte Medizinwesen gewährte nun jeden, der die nötige Summe aufweisen konnte, Zugang zu einem medizinischen Studium. Alle bis auf Juden.

Es wurde erarbeitet, wie mühsam und aufwendig es für die jüdische Diaspora war, in einem islamisch und christlich dominierten Wissenschaftsfeld einzutauchen und sich dort zu etablieren. Denn wie es belegt wurde, gibt es keine eindeutigen Hinweise auf eine kontinuierliche Verbindung von Medizin und jüdischen Glaubens bzw. hebräischer Literatur. Auch gab es nie eine eigene jüdische Medizinliteratur, das ganze Wissen der Juden basierte auf den Übersetzungen bereits bekannter Abhandlungen meist antiker Autoren. Ebenso wenig lässt sich ein charakteristisches Hauptwerk identifizieren, obschon zentrale Figuren wie Avicenna oder Maimonides eine Vorbildfunktion besaßen. Die Früchte der aus dem Mangel resultierenden Übersetzungsarbeiten waren jedoch erstaunlich: Aus der Not heraus, sämtliche medizinische Werke aus dem Arabischen oder Lateinischen zu übersetzen, mauserte sich das Hebräische zu einer anerkannten Wissenschaftssprache und die Juden hatten sich nun eine gesamte Fachliteratur erarbeitet, mit denen sich das medizinische Wissen adäquat aneignen ließ. Auch das Universitätsverbot sorgte im Umkehrschluss dafür, dass Juden in einer wesentlich praxisnäheren und effizienteren Privatausbildung christlichen Kollegen durchaus den Rang ablaufen konnten. Dennoch versuchten Juden stets, sich dem Umfeld ihrer Herrscher anzupassen und somit sahen auch sie sich mit der reglementierten Prüfungsordnung samt Lizenzvergabe im Spätmittelalter konfrontiert. Hier war es überraschend zu sehen, dass einerseits die Prüfungskommissionen keine nennenswerte Unterscheidung zwischen christlichen und jüdischen

Prüfling anstrebten, andererseits durchaus Rücksicht auf die Alterität nahmen, indem Prüfer sowohl christlichen als auch jüdischen Glaubens der Prüfung beiwohnten.

Bemühen wir uns nun zum Abschluss Kriterien zu erörtern, anhand derer ein vernünftiger Vergleich hinsichtlich der Rahmenbedingungen in den verschiedenen Regionen gestellt werden kann.

8.1. Die jüdische Alterität

Die Alterität jüdischer Ärzte bleibt in der Forschung kontrovers behandelt. Auf der einen Seite war gerade die Tatsache, dass es sich um Ärzte jüdischen Glaubens handelte, Anlass zu großer Skepsis und Anschuldigungen. Nicht nur der jüdische Glaube, sondern eher gerade die befremdlichen Behandlungsmethoden und Sprache brachten Judenärzten mancherorts einen gefürchteten Ruf ein. Wie wir gesehen haben, konnte ein Fehltritt im Rahmen einer Behandlung mitunter fatale Folgen haben und nicht selten trat eine Generalisierung in Kraft, die auch anderen jüdischen Ärzten in der Stadt und bei Hofe viel Argwohn entgegenbrachten. Gestützt wurde dies durch die katholische Kirche und durch die grundsätzlich christliche Antipathie gegenüber Juden, wie es in vielen Regionen Europas beobachtet werden kann.

Auf der anderen Seite müssen wir uns auf den sozio-historischen Kontext zurückbesinnen und erkennen, dass die Medizin wahrscheinlich noch gar nicht so wissenschaftlich war wie angenommen. Der Übergang zwischen Volksmedizin und Scholastik war immer noch fließend und an Deutschland haben wir gesehen, wie stark der Aberglaube und die Affinität für Magie, Kräuterfrauen und Hexen in der Gesellschaft verankert waren. Gerade die Alterität der jüdischen Ärzte konnte folglich als Aufwertung gesehen werden, zumal rasch eine enge Konnotation zwischen Judentum und kompetenter Heilkunde im Laufe des Mittelalters geknüpft wurde. Bei Jakob von Landshut konnten wir sehen, was für einen hervorragenden Ruf beispielsweise Rezepte hatten, die aus jüdischer Feder stammten und sich gut verkaufen ließen.

8.2. Ausbildung und Profession

Sowohl Reglementierung als auch Lizenzierung der medizinischen Ausbildung dürfte in den behandelten Regionen ziemlich ähnliche Ausprägungen gehabt haben. Eine Ausnahme bildet hier allerdings das Heilige Römische Reich, dass in Bezug auf Wissenschaftlichkeit und medizinischer Versorgung nicht an Spanien und Italien anknüpfen konnte. Dies bedeutet jedoch nicht, dass Juden aus Aschkenas schlechter oder minderwertiger gebildet waren als sephardische oder italienische Juden. Hier muss sich darauf besonnen werden, die jüdische Geschichte im Kontext der europäischen Diaspora zu sehen, da zwischen den einzelnen Kulturen durchaus ein reger Austausch von Wissen und Bildungsmaterial stattfand. Denken wir hierbei an die Netzwerke, wie wir sie in den Alpenregionen zwischen dem Reich und Italien gesehen haben oder aber auch durch die Migrations- und Fluchtbewegungen.

Auch der hohe Grad an Mobilität sollte als Anlass gesehen werden, die Kompetenz und das Wissen jüdischer Ärzte europaweit auf ein ähnlich gleiches Niveau anzuheben, zumal alle Ärzte im Prinzip den Zugang zu der gleichen hebräischen Fachliteratur hatten. Günstig für die jüdischen Ärzte wirkte sich der wachsende Bedarf an medizinisches Personal aus, da nun immer mehr Bevölkerungsteile den Luxus von Gesundheit und Heilkunst nicht scheuten. Die praxisnahe Privatausbildung der Juden durfte jedoch der Schlüssel zum Erfolg gewesen sein, da sie grundlegend facettenreicher war als das reguläre Medizinstudium an einer Universität. Wie die Quellen zeigten, lassen sich ebenso eine große Zahl an Spezialisten wie Augenärzte, Veterinäre oder Chirurgen belegen. Am fruchtbarsten mochte die Ausbildung wohl in Spanien verlaufen sein, da ein Jude dort die Gelegenheit hatte, zwischen muslimischer und christlicher Kultur zu wechseln und sich so Elemente der christlichen und arabischen Medizin anzueignen. Überdies konnten sie sich somit sowohl in den Regionen des spanischen Kalifats oder der christlichen Königreiche verdingen und dürften somit eine größere Auswahlmöglichkeit ihres Einsatzortes gehabt haben. Was wir aber auf jeden Fall in allen Regionen gesehen haben, ist die grundsätzliche Möglichkeit, als Arzt ähnlich wie ein Rabbiner problemlos die Kulturkreise zu wechseln und sich anzupassen. Dies geht natürlich mit der pragmatischen Tatsache einher, dass Ärzte schlichtweg begehrte Güter waren, selbst in dünn besiedelten Gebieten.

8.3. Hofjudentum

Dieser Punkt resultiert aus dem vorangegangenen und lässt sich in nahezu allen Teilen Europas wiederfinden. Allein die große Zahl an Quellen hat uns verdeutlicht, dass fast jeder Herrscher, geistlich oder weltlich, nicht auf die Kompetenz jüdischer Ärzte verzichten wollte. Mit der Beleuchtung von herausragenden Personenbeispielen wie Elia di Sabbato konnte gezeigt werden, wie äußerst einflussreich und gefragt Juden werden konnten, die bei Hofe angestellt und eingesetzt wurden. Sowohl in Spanien als auch in Italien und in den Reichsgebieten wurde diese Anstellung eng verknüpft mit Sonderprivilegien, die meist auf den Angehörigen- und Gemeindekreis ausgeweitet wurden.

Hierbei war es erstaunlich, das äußerst ambivalente Verhalten von Fürsten und Königen zu registrieren, welche eine durchweg antijüdische Politik verfolgten und dabei jedoch auf die Anwesenheit von jüdischen Leibärzten größten Wert legten, wie wir es beispielsweise bei König Wenzel, Juan II. oder sogar beim Papst in Rom gesehen haben. Ebenfalls ähnlich waren die Gewohnheiten sämtlicher Herrscher, sich die Loyalität ihrer Hofjuden zunutze zu machen und diese als Kontrollinstanz in Form von Richtern oder Gemeindevorstehern der Judengemeinden einzusetzen. Unzulänglich erforscht kann hingegen die Frage erachtet werden, inwiefern diese Bevormundung samt Einfluss von Hofjuden bei den betroffenen jüdischen Gemeinden selbst registriert wurden, denn es lassen sich durchaus Belege finden, die zeigen, dass z.B. aufgrund der Steuerbefreiung bei Ärzten die Judengemeinden einem größeren Druck ausgesetzt waren als zuvor.

8.4. Sonderstatus

Die vorangegangenen Punkte münden in die These, dass es sich bei der Gruppe von jüdischen Ärzten nicht nur um einen exponierten Teil der jüdischen Gesellschaft handelt, sondern dass diese Berufsgruppe auch der Status einer Sonderrolle zuteilwurde. Jüdische Ärzte waren nicht nur an Höfen anzutreffen, sondern auch in Städten wie Frankfurt oder Mailand, aber auch in ländlich geprägten und dünn besiedelten Regionen, wie wir es am Beispiel Vibranus' in der Schweiz gesehen haben. Grundsätzlich dürfte sich aber das Praktizieren bei Hofe oder in einer Stadt lukrativer und sicherer gewesen sein, da dies oftmals mit der Gewährung von Schutzbriefen einherging. Da sie im Gegensatz zu Handwerkern auch keinem Gildenzwang unterlagen, kam jüdischen Ärzten insofern eine Sonderrolle zu, als sie relativ frei ihr Einsatzgebiet wählen konnten. Auch ihre hohe Kompetenz und die große Nachfrage führten häufig dazu, dass sie in Städten für gewöhnlich willkommene Gäste und Neuzugänge waren. Wie wir gesehen haben, konnte dieser Sonderstatus selbst dann erhalten werden, wenn die jüdischen Gemeinden aufgrund von lokalen Unruhen oder Pogromen in Bedrängnis gerieten oder sogar in Spanien regelrecht vertrieben oder zur Konversion genötigt wurden. Grundsätzlich sollte man jedoch nicht außer Acht lassen, dass die lebenserhaltende Funktion von Ärzten allgemein einen nicht unwesentlichen Grund für eine gesonderte Stellung innerhalb der mittelalterlichen Gesellschaft lieferte.

8.5. Rechts- und Rahmenbedingungen

Ambivalent bleibt auch das fragwürdige Rechtskonstrukt der Kammerknechtschaft. Zu finden ist dieses rechtliche Mittel zur Kontrolle der Juden in vielen christlichen Herrscherdomänen. Mochte die Grundintention dieses Rechtsverhältnisses auf gegenseitiges Interesse beruhen, so muss dennoch konstatiert werden, dass es vor allem im Heiligen Römischen Reich und in Spanien zu einer gnadenlosen und willkürlichen Ausbeutungspolitik führte. Italien sollte hiervon nicht ausgenommen, aber dennoch gesondert betrachtet werden: In Ober- und Mittelitalien hatte das Reich einfach zu sehr an Einfluss verloren, als dass die Kammerknechtschaft alle dortigen Juden erfasst hätte. Im Gegenzug dazu mussten sich jüdische Ärzte mit den lokalen Stadtstaaten und den Signorien arrangieren. Auch auf deutschem Reichsgebiet dürften im Spätmittelalter die Städte im Zuge des schwächelnden Königtums als Rechtsinstanz für die Juden wichtiger gewesen sein. Wie begehrt dennoch der Erwerb des Judenregals war, zeigt der Beleg, dass Kaiser, Fürsten und Städte sich förmlich um dieses Recht stritten.

Allerdings war es letzten Endes das gleiche Prozedere: Die Juden waren von der Gunst ihrer Herrscher abhängig, sei es Fürst oder Stadtrat. Sowohl im Reich als auch in Spanien wurde dieses Abhängigkeitsverhältnis gerade im Zeitalter von Glaubenskriegen bis zur Belastbarkeitsgrenze ausgeschöpft, von den eigenmächtigen Sondersteuern und Schulden-tilgungen mal abgesehen.

Auf gar keinen Fall unterschätzt werden sollte die Wirkung des kanonischen Rechtsanspruches auf die mittelalterlichen Juden. Allein die Bestimmungen des Laterankonzils von 1215 riefen tiefgreifende Veränderungen in Lebensweise und Entfaltungs-möglichkeiten der jüdischen Existenz hervor, wie wir es vielerorts gesehen haben. Da die Kirche und der Papst nicht nur einen Zuständigkeitsbereich für das Patrimonium Petri, sondern auch für sämtliche Bischofssitze besaß, dürften Erlasse, die in Rom gefasst wurden, früher oder später auch die entlegensten Regionen erreicht haben, zumal der Heilige Stuhl eine nicht unbedeutende Autorität gegenüber den weltlichen Herrschern der christlichen Reiche besaß. Sanktionen wie die Kennzeichenpflicht oder das Berufsverbot für jüdische Ärzte begegneten uns daher an etlichen Orten.

Am Beispiel Spaniens konnte gezeigt werden, wie extrem die Integration der Juden in muslimischen und christlichen Gesellschaften auseinander divergieren konnte. Wo zunächst ein stabiles Fundament für eine friedvolle Koexistenz geschaffen wurde, konnte auf kirchlicher und königlicher Initiative hin eine Pogrom- und Vertreibungswelle ausgelöst werden, die im europäischen Vergleich einzigartig in ihrer Planung, Intensität und Grausamkeit war. Vor allem im Hinblick auf die auslaufende Reconquista stand die Sonderrolle jüdischer Ärzte im Schatten der großen Zahl an Zwangskonversionen, Ausweisungen und Tod.

Obschon vergleichsweise im Reich ebenso Pogrome sowie Verfolgungs- und Isolationstendenzen – vor allem zu Zeiten von Kreuzzug und Pest – zu sehen waren, verlief hier die Vertreibung der Juden weitaus subtiler. Durch die Ausbeutungspolitik sorgten die römisch-deutschen Könige selbst für breit angelegte Binnenwanderungen von Juden innerhalb des deutschsprachigen Raumes. Wo zunächst Lokalmächte wie Fürsten oder Städte die Juden für sich gewinnen konnten, sorgten auch sie spätestens im 15. Jahrhundert durch überzogene Sonderabgaben und mangelnden Schutzmaßnahmen für eine Abwanderung der aschkenasischen Juden in Richtung Süden. Im Gegensatz zu den spanischen Herrschern erkannte man jedoch – wenn auch sehr eigennützig – das Problem, dass mit der Emigration der jüdischen Bevölkerung auch immer mehr Kapital entfloss, das dringend benötigt wurde. Allerdings kam die Erkenntnis zu spät und es wurde versäumt, den verbleibenden und rückkehrwilligen Juden ihre alte Heimat Aschkenas wieder als attraktiven Lebensort zu gestalten.

Als großer Gewinner dieses Vergleichs kann zurecht Italien genannt werden, bot es doch Zuflucht für viele vertriebene Juden aus Aschkenas und Spanien sowie später Sizilien. Auch wenn die italienischen Juden nicht frei von restriktiven Bestimmungen und in Städten nicht immer auf Dauer geduldet waren, so waren es dennoch die Signorien, die das große Potential und den Nutzen von Jüdischen Einwanderern am ehesten erkannten und als Widersacher des Kaisers den Juden willkommene Schutzherren waren. Selbstverständlich dürfen auch hier nicht monetäre Motive außer Acht gelassen werden, wenn wir uns beispielsweise vor Augen halten, dass die Stadtstaaten Italiens die Juden vor allem wegen ihrer Finanzkraft zur Niederlassung einluden, um die teuren Kriege gegen andere Kleinstaaten finanzieren zu können. Insgesamt betrachtet blieb Italien mit der Ausnahme Siziliens jedoch ein relativ ruhiges Pflaster für Juden, wenn man den Vergleich zu Spanien und dem deutschen Reichsgebiet zieht. Jüdische Ärzte profitierten auch hier immens von mannigfaltigen Anstellungsmöglichkeiten bei Hofe und in den Stadtstaaten selbst, die mit dem ausgehenden Mittelalter immer mächtiger und reicher wurden.

Abschließend bleibt festzuhalten, dass jüdische Ärzte, gleich wo sie sich aufhielten und praktizierten, sich den besten Schutz und die günstigsten Bedingungen schufen, wenn sie sich mit dem lokalen christlichen Umfeld arrangierten und sich diesem anpassten. Denn eins konnte mehr als deutlich herausgearbeitet werden: Sie waren Experten ihres Faches, äußerst gebildet und überall gefragt.

Abbildungsverzeichnis

1. MÖNCH ALS KLOSTERMEDIZINER
   Cod. 602, deutsche Gallus Vita, 1452 St. Gallen, Stiftsbibliothek.
   Aus: http://www.drachenkinder-hannover-ev.de/376_medizin_frame.html
   (zuletzt aufgerufen am 27.02.2013) 10
2. TITELBLATT EINES EXEMPLARS DES KANONS DER MEDIZIN
   Aus: Haverkamp, Katalog zu der Ausstellung, S. 93 14
3. SETZEN VON SCHRÖPFKÖPFEN 14
4. OPERATION EINER EITERSAMMLUNG 14
5. ADERLASS 14
6. BUCHZEICHNUNG AUS „DE PROPRIETATIBUS RERUM"
   Aus: Jankrift, Gott und Magie, S. 50 21
7. DOPPELSEITE AUS MEDIZINHERBARIUM
   Aus: Haverkamp: Katalog zur Ausstellung, S. 240 29
8. DARSTELLUNG EINER SPRECHSTUNDE MIT URINPROBE
   Aus: Mendel: Illuminierte Handschriften, S. 174 31
9. ABSCHRIFT DER MISHNE TORA DES MAIMONIDES
   Aus: Haverkamp: Katalog zur Ausstellung, S. 90 34
10. MEDIZINISCHE NOTIZEN AUF PERGAMENT
    Aus: Haverkamp: Katalog zur Ausstellung, S. 237 39
11. MEDIZINISCHE INSTRUMENTE
    Aus: Haverkamp: Katalog zur Ausstellung, S. 237 41
12. ADERLASS-MÄNNCHEN
    Aus: Haverkamp: Katalog zur Ausstellung, S. 241 44
13. HOMO SIGNORUM
    Aus: http://dc.lib.unc.edu/cdm/singleitem/collection/mackinney/id/4090/rec/24
    (zuletzt aufgerufen am 27.02.2013) 44
14. ADERLASS BEI FRAU
    Aus: http://dc.lib.unc.edu/cdm/singleitem/collection/mackinney/id/3580/rec/11
    (zuletzt aufgerufen am 27.02.2013) 51
15. VERKAUF VON BLUT IN SCHÄLCHEN
    Aus: http://dc.lib.unc.edu/cdm/singleitem/collection/mackinney/id/3646/rec/12
    (zuletzt aufgerufen am 27.02.2013) 51
16. RITUALMORDBESCHULDIGUNG
    Aus: http://dc.lib.unc.edu/cdm/singleitem/collection/mackinney/id/3585/rec/14
    (zuletzt aufgerufen am 27.02.2013) 51
17. MODIFIZIERTE ÜBERSICHTSKARTE DER SCHWEIZER KANTONE
    Original Aus: http://www.weltkarte.com/europa/schweiz/karte-kantone-schweiz.htm
    (zuletzt aufgerufen am 27.02.2013) 62
18. SEITE A EINER REZEPTSAMMLUNG 70
19. SEITE B EINER REZEPTSAMMLUNG 70
20. GELBES ERKENNUNGSZEICHEN DEUTSCHER JUDE
    Aus: Mendel: Illuminierte Handschriften 80
21. ERKENNUNGSMERKMALE ITALIENISCHER JUDE
    Aus: Mendel: Illuminierte Handschriften 80
22. KARTE SPANIENS 1391 N. CHR.
    Aus: Barnavi, Stern: Universal Geschichte, S. 115 91
23. KARTE SPANIENS 1492 N. CHR.
    Aus: Barnavi, Stern: Universal Geschichte, S. 121 98

Quellenverzeichnis

- REGIMEN SANITATIS, 2° Cod. ms. 5, Bl. 74v. als Abb. 18

- REGIMEN SANITATIS, 2° Cod. ms. 5, Bl. 75r. als Abb. 19

- MGH DD H IV. 411. In: Georg Heinrich Pertz u.a. (Hrsg.): Monumenta Germaniae Historica. Bd. 6/2, Diplomata Regum et Imperatorum Germaniae: Heinrich IV. Diplomata. Weimar 1952, S. 543–547

- ANDERNACHT, Dietrich: Regesten zur Geschichte der Juden in der Reichsstadt Frankfurt am Main von 1401-1519 (= Forschungen zur Geschichte der Juden. Abteilung B: Quellen, Bd.1/1). Teil 1: Die Regesten der Jahre 1401-1455 (Nummern 1-1455). Hannover 1996

- ANDERNACHT, Dietrich: Regesten zur Geschichte der Juden in der Reichsstadt Frankfurt am Main von 1401-1519 (= Forschungen zur Geschichte der Juden. Abteilung B: Quellen, Bd. 1/2).Teil 2: Die Regesten der Jahre 1456-1496 (Nummern 1456-2849). Hannover 1996

- ANDERNACHT, Dietrich: Regesten zur Geschichte der Juden in der Reichsstadt Frankfurt am Main von 1401-1519 (= Forschungen zur Geschichte der Juden. Abteilung B: Quellen, Bd. 1/3).Teil 3: Die Regesten der Jahre 1456-1496 (Nummern 1456-2849). Hannover 1996

- BAER, Fritz: Die Juden im christlichen Spanien. Urkunden und Regesten, Bd. 1. Aragonien und Navarra. Berlin 1929

- FUCHS, Robert: Hippokrates, Sämmtliche Werke, Bd. 1. München 1895

- MAIMON, Arye u.a. (Hrsg.): Germania Judaica. Bd. III 1350-1519. 1. Teilband: Ortschaftsartikel Aach – Lychen. Tübingen 1987

- MAIMON, Arye u.a. (Hrsg.): Germania Judaica. Bd. III 1350-1519. 2. Teilband: Ortschaftsartikel Mährisch-Budwitz – Zwolle. Tübingen 1995

- MAIMON, Arye u.a. (Hrsg.): Germania Judaica. Bd. III 1350-1519. 3. Teilband: Gebietsartikel, Einleitungs-artikel und Indices. Tübingen 2003

- SIMONSOHN, Shlomo: The Jews in the Duchy of Milan. Bd. 1 1387-1477. Jerusalem 1982

- SIMONSOHN, Shlomo: The Apostolic See and the Jews. Documents. Bd. 2 1394-1464. Jerusalem 1989

- SIMONSOHN, Shlomo: The Jews in Sicily. Bd. 4 1415-1439. Leiden u.a. 2002

Literaturverzeichnis

- ABULAFIA, David: Der König und die Juden – Juden im Dienst des Herrschers. In: Christoph Cluse (Hrsg.): Europas Juden im Mittelalter. Beiträge des internationalen Symposiums in Speyer vom 20.-25. Oktober 2002. Trier 2004. S. 60-71
- ACKERMANN, Hermann: Moses Maimonides (1135-1204): Ärztliche Tätigkeit und medizinische Schriften. In: Sudhoffs Archiv, Bd. 70/1 (1986), S. 44-63
- ASSAF, Simha und DEROVAN, David: „Gaon". In: Encyclopaedia Judaica, 2. Auflage, Bd. 7, S. 380-386
- ASSION, Peter: Jakob von Landshut: Zur Geschichte der jüdischen Ärzte in Deutschland. In: Sudhoffs Archiv, Bd. 53/3 (1969), S. 270-291
- BARNAVI, Eli und STERN, Frank: Universal Geschichte der Juden. Von den Ursprüngen bis zur Gegenwart. Ein historischer Atlas. Wien 1993
- BAYERISCHER RUNDFUNK: Das Thema die Viersäftelehre. http://www.br.de/radio/bayern2/sendungen/radiowissen/mensch-natur-umwelt/heilpflanzen-hippokrates100.html (aufgerufen am 23.02.2013)
- BEN-SASSON, Menahem: Al-Andalus: Das „Goldene Zeitalter" der spanischen Juden – kritisch besehen. In: Christoph Cluse (Hrsg.): Europas Juden im Mittelalter. Beiträge des internationalen Symposiums in Speyer vom 20.-25. Oktober 2002. Trier 2004. S. 139-153
- BERGER, Allan: The Arrogant Physician – A Judaic Perspective. In: Journal of Religion and Health, Bd. 41/2 (2002), S. 127-129
- BREUER, Mordechai u.a.: „Yeshivot". In: Encyclopaedia Judaica, 2. Auflage, Bd. 21,S. 315-321
- CARRASCO, Juan: Navarra: Juden als die „andere Buchreligion" (ca. 1000-1498). In: Christoph Cluse (Hrsg.): Europas Juden im Mittelalter. Beiträge des internationalen Symposiums in Speyer vom 20.-25. Oktober 2002. Trier 2004. S. 180-192
- COHEN, Mark: Unter Kreuz und Halbmond. Juden im Mittelalter. München 2011
- DEUTSCHE BIBELGESELLSCHAFT (Hrsg.): Gute Nachricht Bibel. Altes und Neues Testament. Revidierte Fassung 1997 der ‚Bibel in heutigem Deutsch'. Stuttgart 1997
- EFRON, John: Medicine and German Jews. A History. New Haven/London 2001
- FRIEDENWALD, Harry: Note on the Importance of the Hebrew Language in Mediaeval Medicine.
- Friedrich Battenberg: Das europäische Zeitalter der Juden. Zur Entwicklung einer Minderheit in der nichtjüdischen Umwelt Europas, Bd. 1. Köln 2000
- GÄRTNER, Kurt u. PAUL, Hermann (Hrsg.): Hartmann von Aue. Der arme Heinrich. 17. durchges. neu bearb. Auflage (= Altdeutsche Textbibliothek Bd. 3). Tübingen 2001
- GREEN, Monica: Women's Medical Practice and Health Care in Medieval Europe. In: Signs, Bd. 14/2 (1989), S. 434-473
- HAVERKAMP, Alfred: Juden im Mittelalter – Neue Fragen und Einsichten. In: Christoph Cluse u.a. (Hrsg.): Neue Forschungen zur mittelalterlichen Geschichte (2000-2011). Festgabe zum 75. Geburtstag des Verfassers. Hannover 2012, S. 1-20
- HAVERKAMP, Alfred: Juden in Italien und Deutschland während des Spätmittelalters: Ansätze zum Vergleich. In: Christoph Cluse u.a. (Hrsg.): Neue Forschungen zur mittelalterlichen Geschichte (2000-2011). Festgabe zum 75. Geburtstag des Verfassers. Hannover 2012. S. 59-102

- HAVERKAMP, Alfred: Juden und Städte – Verbindungen und Bindungen. In: Christoph Cluse (Hrsg.): Europas Juden im Mittelalter. Beiträge des internationalen Symposiums in Speyer vom 20.-25. Oktober 2002. Trier 2004. S. 60-71
- HAVERKAMP, Alfred: Zur Siedlungs- und Migrationsgeschichte der Juden in den deutschen Altsiedellanden während des Mittelalters. In: Michael Matheus (Hrsg.): Juden in Deutschland (= Mainzer Vorträge 1). Stuttgart 1995, S. 9-32
  In: The Jewish Quarterly Review, New Series, Bd. 10/1. (1919), S. 19-24
- HONECKER, Martin: Christus Medicus. In: Peter Wunderli: Der kranke Mensch in Mittelalter und Renaissance (= Studia humaniora. Düsseldorfer Studien zu Mittelalter u. Renaissance). Düsseldorf 1986, S.27-43
- ISRAEL, Uwe: Fremde aus dem Norden. Transalpine Zuwanderer im spätmittelalterlichen Italien. Tübingen 2005
- JANKRIFT, Kay Peter: Juden in der mittelalterlichen Medizin Europas. In: Christoph Cluse (Hrsg.): Europas Juden im Mittelalter. Beiträge des internationalen Symposiums in Speyer vom 20.-25. Oktober 2002. Trier 2004, S. 335-364
- JANKRIFT, Kay Peter: Krankheit und Heilkunde im Mittelalter. (= Geschichte kompakt) Darmstadt 2003
- JANKRIFT: Mit Gott und schwarzer Magie. Medizin im Mittelalter. Darmstadt 2005
- JÜTTE, Robert: Ärzte, Heiler und Patienten. Medizinischer Alltag in der frühen Neuzeit. München 1991
- KRAUSS, Samuel: Geschichte der jüdischen Ärzte vom frühesten Mittelalter bis zur Gleichberechtigung. Wien 1930
- KUHN, Annette: Frauenarbeit im Mittelalter. (= Frauen im Mittelalter. Quellen und Materialien, Bd. 1) Düsseldorf 1983
- LEROY, Béatrice: Die Sephardim. Geschichte des iberischen Judentums. München 1987
- LEVEN, Karl Heinz: Geschichte der Medizin. Von der Antike bis zur Gegenwart. München 2008
- GARCÍA-BALLESTER, Luis u.a.: Medical Licensing and Learning in Fourteenth-Century Valencia. In: Transactions of the American Philosophical Society, New Series, Bd. 79/6 (1989), S. i-viii und S. 1-128
- LUZZATI, Michele: Nord- und Mittelitalien: Bilanz und Perspektiven der Forschung. In: Christoph Cluse (Hrsg.): Europas Juden im Mittelalter. Beiträge des internationalen Symposiums in Speyer vom 20.-25. Oktober 2002. Trier 2004. S. 209-220
- MAIER, Johann: Das Judentum, Von der biblischen Zeit bis zur Moderne. Bindlach 1988
- MARTÍNEZ, Asunción Blasco: Aragón: Christen, Juden und Muslime zwischen Koexistenz und Konflikt. In: Christoph Cluse (Hrsg.): Europas Juden im Mittelalter. Beiträge des internationalen Symposiums in Speyer vom 20.-25. Oktober 2002. Trier 2004. S. 154-166
- METZGER, Mendel und Thérése: Jüdisches Leben im Mittelalter. Nach illuminierten hebräischen Handschriften vom 13. Bis 16. Jahrhundert. Fribourg 1983
- MEYUHAS GINIO, Alisa: Self-Perception and Images of the Judeoconversos. In: Frank Stern und Shulamit Volkov (Hrsg.): Tel Aviver Jahrbuch für deutsche Geschichte, Bd. 22. Tel Aviv 1993, S. 127-152
- MÜLLER, Jörg R.: Beziehungsnetze aschkenasischer Juden während des Mittelalters und der frühen Neuzeit. Zur Einführung. In: Ders. (Hrsg.): Beziehungsnetze aschkenasischer Juden während des Mittelalters und der frühen Neuzeit (= Forschungen zur Geschichte der Juden. Abteilung A: Abhandlungen, Bd. 20). Hannover 2008

- PINES, Shlomo und Suler, Bernhard: „Avicenna". In: Encyclopaedia Judaica, 2. Auflage, Bd. 2, S. 727-729
- PRIETZEL, Malte: Das Heilige Römische Reich im Spätmittelalter (= Geschichte kompakt). Darmstadt 2010
- QUESADA, Miguel Ángel Ladero: Kastilien: Ein Überblick (13. Bis 15. Jahrhundert). In: Christoph Cluse (Hrsg.): Europas Juden im Mittelalter. Beiträge des internationalen Symposiums in Speyer vom 20.-25. Oktober 2002. Trier 2004. S. 167-179
- RABINOWITZ, Louis Isaac u.a.: „Maimonides, Moses". In: Encyclopaedia Judaica, 2. Auflage, Bd. 13, S. 381-397
- SCHIPPERGES, Heinrich: Zur Sonderstellung der jüdischen Ärzte im spätmittelalterlichen Spanien. In: Sudhoffs Archiv, Bd. 57/2 (1973), S. 208-2011
- SCHOEPS, Julius und WALLENBORN, Hiltrud (Hrsg.): Juden in Europa. Ihre Geschichte in Quellen. Band1: Von den Anfängen bis zum späten Mittelalter. Darmstadt 2001
- SHATZMILLER, Joseph: Jews, Medicine, and Medieval Society. Berkely / Los Angeles 1994
- SHATZMILLER, Joseph: On becoming a Jewish Doctor in the High Middle Ages. In: Sefarad, Bd. 43/2. Madrid 1983, S. 239-250
- SOMONSOHN, Shlomo: Between Scylla and Charybdis. The Jews Sicily. Leiden 2011
- SPITZLBERGER, Georg: Jüdisches Leben in Altbayern. Die Juden im mittelalterlichen Landshut. Landshut 1988
- STROHMAIER, Gotthard: Avicenna. München 2006
- SUDHOFF, Karl: Konstantin der Afrikaner und die Medizinschule von Salerno. In: Sudhoffs Archiv, Bd. 23/4 (1930), S. 293-298
- TOCH, Michael: Die Juden im mittelalterlichen Reich. (= Enzyklopädie deutscher Geschichte, Bd. 44) München 2003
- TOCH, Michael: Geldleiher und sonst nichts? Zur wirtschaftlichen Tätigkeit der Juden im deutschen Sprachraum des Spätmittelalters. In: Frank Stern und Shulamit Volkov (Hrsg.): Tel Aviver Jahrbuch für deutsche Geschichte, Bd. 22. Tel Aviv 1993, S. 117-126
- TORRES FONTES, Juan u.a. (Hrsg.): De Historia Medica Murciana. (= Miscelánea Medieval Murciana, Bd. 1) Murcia 1980
- VERONESE, Alessandra: Interregionale und regionale jüdische Beziehungen und Familiensolidarität in Mittel- und Norditalien im 14. und 15. Jahrhundert. In: Jörg R. Müller: Beziehungsnetze aschkenasischer Juden während des Mittelalters und der frühen Neuzeit (= Forschungen zur Geschichte der Juden. Abteilung A: Abhandlungen, Bd. 20). Hannover 2008
- ZIWES, Franz-Josef: Jüdische Niederlassungen im Mittelalter (= Geschichtlicher Atlas der Rheinlande, Beiheift VIII/7). Köln 2002
- ZIWES, Franz-Josef: Studien zur Geschichte der Juden im mittleren Rheingebiet während des hohen und späten Mittelalters (= Forschungen zur Geschichte der Juden. Abteilung A: Abhandlungen, Bd. 1). Hannover 1995